云南省公路工程定额编制规程

云南省交通运输厅工程造价管理局
长沙理工大学
主编

人民交通出版社

图书在版编目(CIP)数据

云南省公路工程定额编制规程/云南省交通运输厅工程造价管理局,长沙理工大学主编.— 北京:人民交通出版社,2013.5

ISBN 978-7-114-10601-9

Ⅰ.①云… Ⅱ.①云… ②长… Ⅲ.①道路工程—建筑经济定额—规程—云南省 ②道路工程—概算编制—规程—云南省 ③道路工程—预算编制—规程—云南省 Ⅳ.①U415.13-65

中国版本图书馆 CIP 数据核字(2013)第 094118 号

云南省地方标准

书　　名:**云南省公路工程定额编制规程**
著 作 者:云南省交通运输厅工程造价管理局　长沙理工大学
责任编辑:刘永芬
出版发行:人民交通出版社
地　　址:(100011)北京市朝阳区安定门外外馆斜街 3 号
网　　址:http://www.ccpress.com.cn
销售电话:(010)59757973
总 经 销:人民交通出版社发行部
经　　销:各地新华书店
印　　刷:北京市密东印刷有限公司
开　　本:880×1230　1/16
印　　张:4.5
字　　数:121 千
版　　次:2013 年 5 月　第 1 版
印　　次:2013 年 5 月　第 1 次印刷
书　　号:ISBN 978-7-114-10601-9
印　　数:0001～3000 册
定　　价:60.00 元

目　次

前言 …… Ⅲ
1　范围 …… 1
2　规范性引用文件 …… 1
3　术语和定义 …… 1
4　公路工程实物定额 …… 3
5　现场测定与数据处理 …… 4
6　施工定额编制 …… 15
7　基于施工定额综合扩大的预算定额编制 …… 18
8　基于综合相似度的预算定额编制 …… 21
9　基于线性拟合法与层次分析法的预算定额编制 …… 25
10　基于预算定额综合扩大的概算定额编制 …… 30
11　基于概算定额综合扩大的估算指标编制 …… 33
12　定额水平测算 …… 35
附录 A（规范性附录）　工作时间分类 …… 36
附录 B（规范性附录）　测定表格与说明 …… 39
附录 C（规范性附录）　基本系数 …… 47
附录 D（规范性附录）　综合相似度模型 …… 49
附录 E（规范性附录）　示例 …… 55

前　　言

本标准按照GB/T 1.1—2009《标准化工作导则 第1部分:标准的结构和编写》给出的规则编写。

本标准由云南省交通运输厅提出并归口。

本标准起草单位:云南省交通运输厅工程造价管理局,长沙理工大学。

本标准主要起草人:刘成志、王首绪、晋敏、顾剑、贺贤明、周生贵、张玉峰、刘伟军、刘庭勇、杨玉胜、朱文喜。

云南省公路工程定额编制规程

1 范围

本标准规定了公路工程定额原始数据采集和定额编制的工作流程、技术方法和质量要求，涵盖施工定额、预算定额、概算定额和估算指标的编制及定额水平测算等内容。

本标准适用于云南省公路工程新建、改(扩)建工程的定额编制，养护工程和其他类似工程的定额编制可参照执行。

2 规范性引用文件

下列文件对于本标准的应用是必不可少的。凡是注日期的引用文件，仅注日期的版本适用于本标准。凡是不注日期的引用文件，其最新版本(包括所有的修改单)适用于本标准。

JTG/T M21—2011 公路工程估算指标

JTG/B06-01—2007 公路工程概算定额

JTG/B06-02—2007 公路工程预算定额

公路工程施工定额

3 术语和定义

下列术语和定义适用于本文件。

3.1

作业要素

能够完整实现特定目标的工序组成单元。

3.2

定时点

工序中相邻两作业要素之间的分界标志，标志前一作业要素的结束，后一作业要素的开始。

3.3

延续时间

通过观测取得的完成某一作业要素所需的时间。

3.4

异常值

测时数列中出现的过大或过小的作业要素延续时间。

3.5

正常条件

符合技术规范及标准，采用适宜施工方法，按照合理施工组织方案下的一系列生产组织条件。

3.6

定额

正常条件下，完成单位合格产品所必须消耗的人工、材料、机械台班数量的额定标准。

3.7

定额水平

用以描述定额中人工、材料、机械台班消耗量高低程度的标志。

3.8

无样本数据

没有同类项目人工、材料、机械台班消耗量的样本数据。

3.9

少样本数据

能够收集到同类项目人工、材料、机械台班消耗量组数少于10组的样本数据。

3.10

第一类误差

采集于同一个项目的样本数据中存在的误差。

3.11

第二类误差

采集于不同项目的样本数据，由于项目差异产生的误差。

3.12

定额原始数据

现场测定或收集的人工、材料、机械台班消耗量数据。

3.13

定额基础数据

对定额原始数据进行误差分析处理之后生成的数据。

3.14

周转材料

在施工过程中，能多次使用、反复周转的工具性材料、配件和用具等。

3.15

非周转材料

在施工过程中，一次性消耗并直接构成工程实体的材料。

4 公路工程实物定额

4.1 分类

4.1.1 按物质消耗内容分类

4.1.1.1 人工消耗定额(又称劳动定额)

正常条件下,完成单位合格产品所必须消耗人工数量的额定标准。

4.1.1.2 材料消耗定额(简称材料定额)

正常条件下,完成单位合格产品所必须消耗材料数量的额定标准。

4.1.1.3 机械台班消耗定额(简称机械定额)

正常条件下,完成单位合格产品所必须消耗机械台班数量的额定标准。

4.1.2 按用途分类

4.1.2.1 施工定额

作为生产技术性定额,是施工组织和生产管理的重要依据,是预算定额的编制基础。

4.1.2.2 预算定额

作为计价性定额,是在施工图设计阶段编制施工图预算的主要依据,是概算定额或估算指标的编制基础。

4.1.2.3 概算定额

作为计价性定额,是在初步设计阶段编制设计概算和修正设计概算的主要依据,是估算指标的编制基础。

4.1.2.4 估算指标

作为计价性定额,是在项目建议书和可行性研究报告阶段编制投资估算的主要依据。

4.2 相互关系

施工定额、预算定额、概算定额和估算指标都是以人工、材料、机械台班消耗量表现的数量标准。定额之间的相互关系见图1。

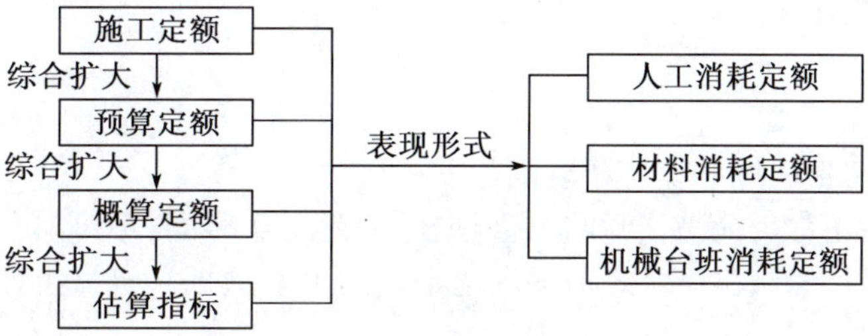

图1 定额的相互关系

4.3 定额编制流程

定额编制流程见图 2。

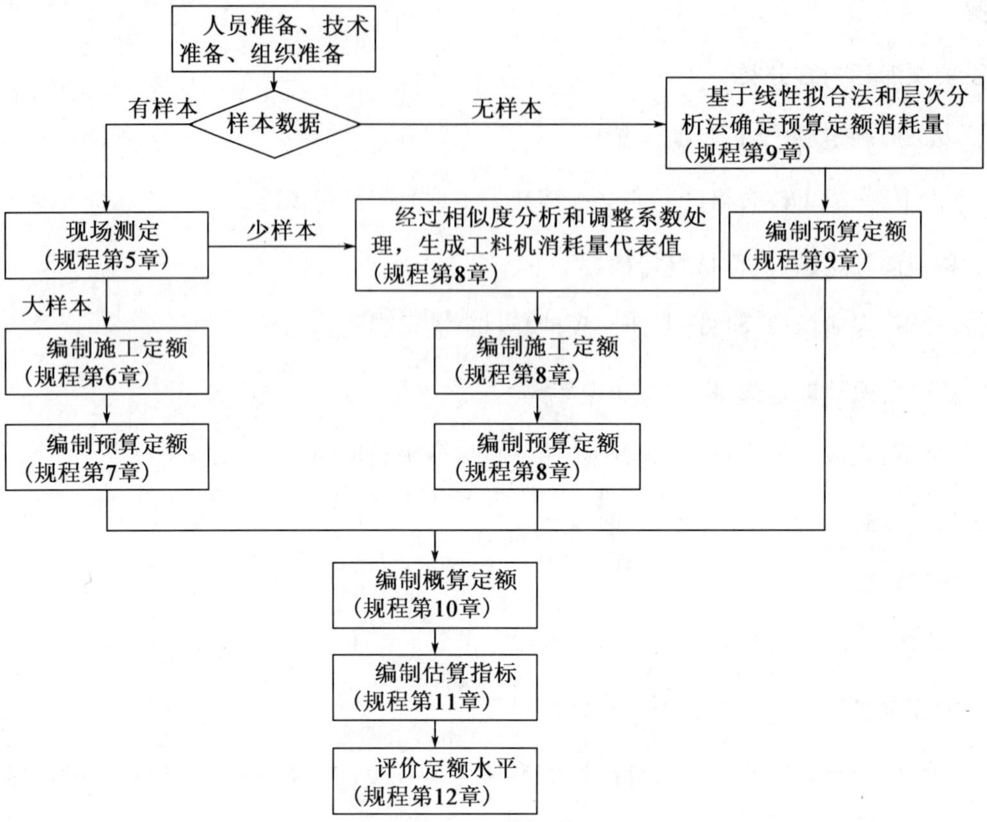

图 2　定额编制流程

5　现场测定与数据处理

5.1　工作时间分类

5.1.1　工人工作时间

工人工作时间分为定额时间和非定额时间，其中：

a）定额时间：包括基本工作时间、辅助工作时间、准备与结束工作时间、休息时间和不可避免的中断时间，是编制人工消耗施工定额的主要依据。工人工作定额时间分类说明见附录 A。

b）非定额时间：包括多余和偶然工作时间、停工时间、违背劳动纪律损失时间。工人工作非定额时间分类说明见附录 A。

5.1.2　机械工作时间

机械工作时间分为定额时间和非定额时间，其中：

a）定额时间：包括正常负荷工作时间、有根据低负荷工作时间、不可避免无负荷工作时间和不可避免中断时间，是编制机械台班消耗施工定额的主要依据。机械工作定额时间分类说明见附录 A。

b）非定额时间：包括低负荷工作时间、多余工作时间、停工时间和违背劳动纪律损失时间。机械工作非定额时间分类说明见附录 A。

5.2 工作时间的现场测定

采用计时观察法现场测定人工或机械工作时间。计时观察法包括：测时法、写实记录法和工作日写实法。测定过程中，应注意以下事项：

a) 计时观察法适用于以工序为测时对象和相对集中生产；

b) 测定过程中需要得到生产工作场所的管理者和被测时对象的配合，维持原有的生产工作状态；

c) 测时人员应经过事先的培训，熟悉时间消耗分类，掌握测时的方法和技术要领。

5.2.1 测定方法

5.2.1.1 测时法—选择测时法

适用于测定循环工序的时间，以秒表为测时工具，按顺序依次测定工序各作业要素的延续时间。步骤如下：

a) 将工序划分为若干作业要素，明确各作业要素的开始和结束定时点，填入记录表，参见附录 B 中的附表 1；

b) 秒表清零；

c) 作业要素开始时启动秒表，到达作业要素结束定时点时停止秒表，读数并记录；

d) 重复步骤 b)和 c)，依次测定所有作业要素的时间，并填入记录表。

5.2.1.2 测时法—连续测时法

适用于测定循环工序的时间，以秒表为测时工具，按顺序对工序的各作业要素逐一进行观察，连续记录其起止时间。步骤如下：

a) 将工序划分为若干作业要素，明确各作业要素的结束定时点，填入记录表，参见附录 B 中的附表 2；

b) 秒表清零；

c) 工序开始时启动秒表，在到达第一个作业要素结束定时点时，秒表读数并记录；

d) 依次读取所有作业要素结束定时点的读数并填入记录表；

e) 工序结束时，按停秒表。

5.2.1.3 写实记录法

根据施工过程的进展，用文字和数字依次记录各种性质工作的顺序和起止时间，从而得到相应的工作时间，不同性质的工作之间要有明显易辨的定时点。步骤如下：

a) 将施工过程划分为若干作业要素，明确各作业要素的结束定时点，填入记录表，参见附录 B 中的附表 4；

b) 施工过程开始，记录开始点时间；

c) 根据施工过程的进展，记录作业要素开展的先后顺序；

d) 在各作业要素结束时，依次读取各作业要素结束定时点的时间并填入记录表；

e) 施工过程结束，停止观测。

5.2.1.4 工作日写实法

以一个工作班为一个测定单元，记录工人或机器在整个工作班内的各种时间消耗，进行工作时间分类，取得一个工作班内的各类工作时间。步骤如下：

a) 工作日开始，开始观测；

b) 根据施工过程的进展，记录工作的开始和结束时间、完成工作量、投入的资源数量等信息；

c) 按5.1将工作时间分类；

d) 按工作类别将记录的工作信息填入记录表，参见附录B中的B8；

e) 工作日结束，停止观测。

5.2.2 测定流程

5.2.2.1 测定前准备

测定前的准备工作包括：

a) 确定需要进行计时观察的施工过程；

b) 分解施工过程，明确相邻作业要素之间的定时点；

c) 确定正常条件；

d) 选择测定对象；

e) 确定测定方法，准备记录表格，参见附录B；

f) 计时器校对；

g) 测定人员培训并进行试测。

5.2.2.2 观测次数确定

结合测定对象的具体情况，参考表1确定观测次数。

表1 观测次数表

观察对象		预计延续时间(min)					
		5	10	20	40	60	>60
		观测次数					
稳定性	高	20	15	12	8	6	5
	中	25	20	15	10	8	7
	低	30	25	20	15	12	10

注：1. 稳定性是指测定的延续时间受外界环境的影响程度，外界环境影响小的，即稳定性高。

2. 预计延续时间是指测定延续时间的预测值。小于或等于5min时查5min对应的列，大于5min但小于或等于10min时查10min对应的列，依此类推。

5.2.2.3 观测并记录

对正常条件下的观测对象进行现场测定，及时做好记录。观测过程中发现有中断时间，应单独记录，注明起止时间，不正常因素要予以记录。

5.3 材料消耗量测定

5.3.1 组成

材料消耗量由材料消耗净用量和材料损耗量两部分组成，净用量和损耗量均以实物量的形式计入材料消耗量。

a) 净用量：正常条件下，完成单位合格产品，直接构成工程实体所必须消耗的材料数量。

b) 损耗量：在施工现场的场内运输及操作过程中，出现的不可避免的损耗和废料，不直接构成工程实体的材料数量。

5.3.2 材料净用量测定

材料净用量选用以下方法测定：

a) 理论计算法：根据施工图纸和配合比等参数，运用相关数学公式计算材料消耗量。

b) 试验室试验法：通过试验，对材料的结构、化学成分和物理性能以及混合料配合比作出结论，根据试验结论计算材料消耗量。

5.3.3 材料损耗量测定

材料损耗量采用现场技术测定法进行测定。现场技术测定法是在材料的运输、加工和使用过程中，采用计重仪器对材料进行称量并记录，根据记录结果计算出材料损耗量。

5.4 第一类误差识别与处理

第一类误差包括：粗大误差、系统误差和随机误差。

5.4.1 粗大误差识别

采用误差极限值法或狄克逊准则判别法识别粗大误差。

5.4.1.1 误差极限值法

采用误差极限值法识别粗大误差，步骤如下：

a) 记样本数据为 x_i，$i=1,2,\cdots,n$，n 为样本数据个数。

b) 按式(1)计算样本数据的最大极限值，按式(2)计算样本数据的最小极限值。

$$\mathrm{Lim}_{\max}=\bar{x}+K(x_{\max}-x_{\min}) \tag{1}$$

$$\mathrm{Lim}_{\min}=\bar{x}-K(x_{\max}-x_{\min}) \tag{2}$$

式中：

$\mathrm{Lim}_{\max}$——最大极限值；

$\mathrm{Lim}_{\min}$——最小极限值；

$x_{\max}$——最大的样本值；

$x_{\min}$——最小的样本值；

$\bar{x}$——样本数据的算术平均值；

K——调整系数，按表2确定。

表2 误差调整系数表

观测次数(n)	调整系数(K)	观测次数(n)	调整系数(K)
5	1.3	11～15	0.9
6	1.2	16～30	0.8
7～8	1.1	31～53	0.7
9～10	1.0	53以上	0.6

c) 落在区间[$\mathrm{Lim}_{\min}$，$\mathrm{Lim}_{\max}$]之外的值即为粗大误差。

5.4.1.2 狄克逊准则判别法

采用狄克逊准则判别法识别粗大误差，步骤如下：

a) 按样本值从小到大顺序排列为 $x_1,x_2,\cdots,x_n$，n 为样本数据个数；

b) 分以下几种情况计算判别值 r_1，r_2：

1)当 $n\in[3,7]$：$r_1=\dfrac{x_n-x_{n-1}}{x_n-x_1}$，$r_2=\dfrac{x_2-x_1}{x_n-x_1}$；

2)当 $n\in[8,10]$：$r_1=\dfrac{x_n-x_{n-1}}{x_n-x_2}$，$r_2=\dfrac{x_2-x_1}{x_{n-1}-x_1}$；

3)当 $n\in[11,13]$：$r_1=\dfrac{x_n-x_{n-2}}{x_n-x_2}$，$r_2=\dfrac{x_3-x_1}{x_{n-1}-x_1}$；

4)当 $n\in[14,30]$：$r_1=\dfrac{x_n-x_{n-2}}{x_n-x_3}$，$r_2=\dfrac{x_3-x_1}{x_{n-2}-x_1}$。

c) 选定显著性水平 α，一般情况下 α 取为 0.05，从表 3 查得判别标准 $D(\alpha,n)$；

d) 按以下准则进行判别：

1)当 $r_1>r_2$ 时，若 $r_1>D(\alpha,n)$，则 x_n 为含有粗大误差的样本值；

2)当 $r_1<r_2$ 时，若 $r_2>D(\alpha,n)$，则 x_1 为含有粗大误差的样本值；

3)否则，样本值中不存在粗大误差。

表 3 狄克逊准则判别标准 $D(\alpha,n)$

n	$\alpha=0.05$	$\alpha=0.01$
3	0.970	0.994
4	0.829	0.926
5	0.710	0.821
6	0.628	0.740
7	0.569	0.680
8	0.608	0.717
9	0.564	0.672
10	0.530	0.635
11	0.619	0.709
12	0.583	0.660
13	0.557	0.638
14	0.586	0.670
15	0.565	0.647
16	0.546	0.627
17	0.529	0.610
18	0.514	0.594
19	0.501	0.580
20	0.489	0.567
21	0.478	0.555
22	0.468	0.544
23	0.459	0.535
24	0.451	0.526
25	0.443	0.517

表 3(续)

n	α=0.05	α=0.01
26	0.436	0.510
27	0.429	0.502
28	0.423	0.495
29	0.417	0.489
30	0.412	0.483

5.4.2 粗大误差处理

删除包含粗大误差的数据。

5.4.3 系统误差识别

采用标准差比较法识别系统误差，步骤如下：

a) 记样本数据为 x_i，$i=1,2,\cdots,n$，n 为样本数据个数。

b) 按式(3)计算样本数据的算术平均值，按式(4)计算样本数据的残余误差。

$$\bar{x}=\frac{\sum_{i=1}^{n}x_i}{n} \tag{3}$$

$$v_i=x_i-\bar{x} \tag{4}$$

式中：

$\bar{x}$——算术平均值；

v_i——残余误差；

x_i——第 i 个样本数据；

n——样本数据个数。

c) 按式(5)和式(6)分别计算样本数据的两个标准差。

$$\sigma^1=\sqrt{\frac{\sum_{i=1}^{n}v_i^2}{(n-1)}} \tag{5}$$

$$\sigma^2=1.253\frac{\sum_{i=1}^{n}|v_i|}{\sqrt{n(n-1)}} \tag{6}$$

式中：

σ^1——贝塞尔标准差；

σ^2——别捷尔斯标准差；

v_i——第 i 个样本数据的残余误差；

n——样本数据个数。

d) 判别系统误差。

$$u=\frac{\sigma^2}{\sigma^1}-1 \tag{7}$$

式中：

σ^1——贝塞尔标准差；

σ^2——别捷尔斯标准差；

u——判别系数。

若$|u| \geqslant \frac{2}{\sqrt{n-1}}$，则存在系统误差。

5.4.4 系统误差处理

采用修正系数法处理系统误差，步骤如下：

a) 按式(8)计算修正系数。

$$k = 1 - \sum_{i=1}^{m} q_i k_i \tag{8}$$

式中：

k——修正系数；

q_i——第 i 个影响因素的权重，可采用经验法确定；

m——影响因素个数；

k_i——第 i 个影响因素的修正量，按式(9)计算。

$$k_i = \left| \frac{x_i' - x_i}{x_i} \right| \tag{9}$$

式中：

k_i——第 i 个影响因素的修正量；

x_i——某影响因素的正常测时条件；

x_i'——某影响因素的现场测试条件。

b) 利用修正系数消除系统误差。

$$x' = x \times k \tag{10}$$

式中：

x'——修正后的数据；

x——原始数据；

k——修正系数。

5.4.5 随机误差识别

随机误差不需要专门进行识别。

5.4.6 随机误差处理

采用算术平均值法处理随机误差。

5.5 第二类误差识别与处理

第二类误差仅包括系统误差。

5.5.1 系统误差识别

采用数据比较法识别系统误差，步骤如下：

a) 将采集于同一项目、同一时期内测定的数据作为一组，所有数据共分为 m 组。

b) 按式(11)计算样本数据的算术平均值，按式(12)计算样本数据的标准差。

$$\bar{x}_i = \frac{\sum_{j=1}^{N_i} x_j^i}{N_i} \tag{11}$$

$$\sigma_i = \sqrt{\frac{\sum_{j=1}^{N_i}(x_j^i - \overline{x}_i)^2}{N_i - 1}} \tag{12}$$

式中：

$\overline{x}_i$——第 i 组样本数据的平均值；

σ_i——第 i 组样本数据的标准差；

x_j^i——第 i 组样本数据中的第 j 个数据；

N_i——第 i 组样本数据的个数。

c) 任意两组数据满足式(13)，则不存在系统误差，否则，这两组数据间存在系统误差。

$$|\overline{x}_i - \overline{x}_k| < 3\sqrt{\sigma_i^2 + \sigma_k^2} \tag{13}$$

式中：

$\overline{x}_i$——第 i 组样本数据的平均值；

$\overline{x}_k$——第 k 组样本数据的平均值；

σ_i——第 i 组样本数据的标准差；

σ_k——第 k 组样本数据的标准值。

5.5.2 系统误差处理

采用修正系数法处理系统误差，步骤如下：

a) 确定修正系数。

采用专家调查法确定各组样本数据的修正系数。

b) 按式(14)消除系统误差。

$$x' = x \times k \tag{14}$$

式中：

x'——修正后的数据；

x——原始数据；

k——修正系数，按 a)确定。

5.6 工作时间测定对象分类

在测定工作时间时，将测定对象划分为四类：人工主导的施工过程、机械主导的施工过程、人工配合机械的施工过程、机械配合人工的施工过程。

5.7 人工主导的施工过程测定

5.7.1 测定说明

人工主导的施工过程是以纯人工作业或辅以小型机械作业的施工过程，测定的对象是工人工作时间。

5.7.2 测定准备

5.7.2.1 测时小组确定

按不同工程结构、工作量大小、地域分布等划分测时小组，分组专人负责。

5.7.2.2 施工过程划分

将各测时小组负责的施工过程划分为若干道工序。

5.7.2.3 观测对象选择

技术上尚未熟练掌握本专业技能的工人不能作为计时观察对象，各技术工种组合的强度应满足基本劳动强度要求。

5.7.2.4 正常条件确定

5.7.3 测定操作

5.7.3.1 测定方法确定

按5.2中的测时法或写实记录法测定人工主导施工过程的工人工作时间。

5.7.3.2 测时工地选择

选择的工地应能代表当前普遍情况。

5.7.3.3 现场观察测时

在现场开展测定时，应注意：

a) 测试前，跟工人交底，说明一般注意事项；
b) 与施工工人保持恰当距离，不要妨碍施工；
c) 清点人数与机具数量并记录；
d) 画出施工平面简图、记录施工地理条件；
e) 做好计量、记录工作；
f) 做好安全防护工作。

5.7.4 数据整理

5.7.4.1 现场初步整理

现场数据测定完成后应及时进行初步整理，主要工作如下：

a) 检查工程量计算、简图是否正确；
b) 检查完善文字记录，补充不全面的文字记录；
c) 检查记录数字是否规范、是否看得清楚；
d) 检查其他不规范或者不全的地方；
e) 完成初步整理计算，在单位统一的换算、工程量计算等方面粗加工。

5.7.4.2 误差识别与处理

按5.4和5.5中的方法识别与处理定额原始数据的误差。

5.8 机械主导的施工过程测定

5.8.1 测定说明

机械主导的施工过程是以纯机械作业或辅以小型机械（或少量人工）作业的施工过程，测定的对象是机械工作时间。

5.8.2 测定准备

5.8.2.1 测时小组确定

按5.7.2.1的规定执行。

5.8.2.2 施工过程划分

按5.7.2.2的规定执行。

5.8.2.3 观测对象选择

分别按机械的品牌、厂家、功率、新旧程度进行观察选择。技术尚未成熟的机械工艺不能作为计时观察对象，各种机械组合应满足作业要求。

5.8.2.4 正常条件确定

5.8.3 测定操作

5.8.3.1 测定方法确定

按5.2中的测时法、写实记录法或工作日写实法测定机械主导施工过程的机械工作时间。

5.8.3.2 测时工地选择

按5.7.3.2的规定执行。

5.8.3.3 现场观察测时

按5.7.3.3的规定开展现场测时，另应注意与施工机械保持安全距离。

5.8.4 数据整理

按5.7.4的规定执行。

5.9 人工配合机械的施工过程测定

5.9.1 测定说明

人工配合机械施工是以机械操作为主，人工配合的人机并动的过程。测定的对象包括机械工作时间和工人工作时间。

5.9.2 技术准备

5.9.2.1 测时小组确定

按5.7.2.1的规定执行。

5.9.2.2 施工过程划分

按5.7.2.2的规定执行。

5.9.2.3 观测对象选择

按大多数施工企业正常施工所配备的机械种类、规格（型号）和机械组合作为观测对象，以及按年龄、性别、工种、等级和技术熟练程度进行合理配置的人工作为观察对象。

5.9.2.4 正常条件确定

5.9.3 测定操作

5.9.3.1 测定方法确定

按5.2中的测时法、写实记录法或工作日写实法测定施工过程的机械工作时间和工人工作时间。

5.9.3.2 测时工地选择

按5.7.3.2的规定执行。

5.9.3.3 现场观察测时

按5.8.3.3的规定开展现场测时，当施工所用机械和配合的人工多时，应多名观测人员同时观测记录。

5.9.4 数据整理

按5.7.4的规定执行。

5.10 机械配合人工的施工过程测定

5.10.1 测定说明

机械配合人工施工是以人工操作为主，机械配合的人机并动的过程。测定的对象包括工人工作时间和机械工作时间。

5.10.2 技术准备

5.10.2.1 测时小组确定

按5.7.2.1的规定执行。

5.10.2.2 施工过程划分

按5.7.2.2的规定执行。

5.10.2.3 观测对象选择

人工，按年龄、性别、工种、技术熟练程度等合理组合进行观察选择，配合的机械应符合正常施工要求。人工和机械的组合应满足作业要求。

5.10.3 测定操作

5.10.3.1 测定方法确定

按5.2中的测时法、写实记录法或工作日写实法测定施工过程的工人工作时间和机械工作时间。

5.10.3.2 测时工地选择

按5.7.3.2的规定执行。

5.10.3.3 现场观察测时

按5.9.3.3的规定执行。

5.10.4 数据整理

按5.7.4的规定执行。

6 施工定额编制

6.1 一般规定

施工定额应反映施工技术水平和管理水平，是考核劳动生产率水平、管理水平的标尺和确定工程成本的依据，包括人工消耗定额、材料消耗定额、机械台班消耗定额。其中人工消耗定额和机械台班消耗定额的表现形式为时间定额和产量定额。常用的编制方法有技术测定法和统计分析法。

6.2 编制原则

遵循以下编制原则：

a） 执行国家及行业有关规定；
b） 按平均先进水平编制；
c） 简明适用；
d） 专家编审为主；
e） 独立自主。

6.3 技术测定法

采用技术测定法编制施工定额，分为准备、现场测定和编制三个阶段。

6.3.1 准备阶段

依次开展以下工作：

a） 明确编制定额的目的、任务及指导思想；
b） 确定定额编制范围及工程量计算规则；
c） 制订定额编制工作计划；
d） 拟定参加单位及人员；
e） 确定编制地点及编制经费来源；
f） 收集相关技术资料。

6.3.2 现场测定阶段

依次开展以下工作：

a） 拟定正常的施工条件：技术、工艺、组织、环境等方面的条件；
b） 选择观测对象：观测对象应符合正常的施工条件；
c） 按5.2中的方法和步骤现场测定人工和机械台班的消耗量；
d） 按5.3中的方法测定材料的消耗量；
e） 按5.4和5.5中的方法对测定的人工、材料、机械台班的消耗量进行误差识别和处理。

6.3.3 编制阶段

6.3.3.1 人工消耗量计算

基于经过误差处理后的人工消耗量进行算术平均，确定施工定额人工消耗量。

6.3.3.2 机械台班消耗量计算

基于经过误差处理后的机械延续时间和产品数量，确定施工定额机械台班消耗量。计算步骤如下：

6.3.3.2.1 确定机械纯工作 1h 正常生产率

a) 按式(16)计算循环动作的机械纯工作 1h 正常生产率；

$$机械纯工作\ 1h\ 循环次数=60\times\frac{60}{1\ 次循环的正常延续时间(s)} \tag{15}$$

$$机械纯工作\ 1h\ 正常生产率=机械纯工作\ 1h\ 循环次数\times 1\ 次循环生产的产品数量 \tag{16}$$

b) 按式(17)计算连续动作的机械纯工作 1h 正常生产率。

$$机械纯工作\ 1h\ 正常生产率=\frac{正常延续时间内生产的产品数量}{正常延续时间(h)} \tag{17}$$

6.3.3.2.2 确定机械的正常利用系数

基于机械的准备与结束工作时间、日常维护时间、故障发生情况等历史数据，统计分析确定机械的正常利用系数。

6.3.3.2.3 计算施工定额机械台班消耗量

按式(18)计算施工定额机械台班产量定额，按式(19)计算施工定额机械台班时间定额。

$$产量定额=机械纯工作\ 1h\ 正常生产率\times 工作班延续时间\times 机械正常利用系数 \tag{18}$$

$$时间定额=\frac{1}{产量定额} \tag{19}$$

6.3.3.3 材料消耗量计算

基于经过误差处理后的材料消耗量，确定施工定额材料消耗量。

a) 按式(20)计算非周转性材料消耗量。

$$CQ_M^1 = 材料净用量\times(1+\alpha_1) \tag{20}$$

式中：

CQ_M^1——非周转性材料消耗量；

α_1——材料损耗率(%)，见 JTG/B06-02—2007。

b) 按式(21)计算周转性材料消耗量。

$$CQ_M^2 = \frac{A(1+\alpha_2)}{nV} \tag{21}$$

式中：

CQ_M^2——周转材料的单位定额用量；

A——周转材料的图纸净用量；

α_2——周转材料的损耗率(%)，见 JTG/B06-02—2007；

n——周转及摊销次数，见 JTG/B06-02—2007；

V——工程设计实体。

6.3.3.4 形成定额表

汇总施工定额的人工、材料和机械台班消耗量，计算基价，编写工程内容，形成完整的施工定额表。

6.4 统计分析法

6.4.1 方法说明

统计分析法的适用条件：有大量的统计资料，且资料的准确性和真实性较高；施工条件趋于成熟，统计数据比较稳定。采用统计分析法编制施工定额，分为准备、收集资料和编制三个阶段。

6.4.2 准备阶段

按 6.3.1 的规定执行。

6.4.3 收集资料阶段

依次开展以下工作：

a） 拟定正常的施工条件：技术、工艺、组织、环境等方面的条件；

b） 收集与待测定额项目工作内容对应的施工统计数据报表，进行分类整理，将整理结果填入表 4。

表 4 统计数据表清单

<table>
<tr><td>待测项目名称</td><td colspan="6"></td></tr>
<tr><td>待测项目
工作内容</td><td colspan="6"></td></tr>
<tr><td>产量</td><td colspan="2">（m^3）</td><td>产量描述</td><td colspan="3">长（单位）×宽（单位）×高（单位）</td></tr>
<tr><td>人员组织及
主要机具配备</td><td colspan="2"></td><td></td><td colspan="3"></td></tr>
<tr><td rowspan="4">人工工作时间</td><td>序号</td><td>人数</td><td>单位</td><td>起止时间</td><td colspan="2">工作耗时（h）</td></tr>
<tr><td>1</td><td></td><td></td><td></td><td colspan="2"></td></tr>
<tr><td>2</td><td></td><td></td><td></td><td colspan="2"></td></tr>
<tr><td>3</td><td></td><td></td><td></td><td colspan="2"></td></tr>
<tr><td rowspan="4">材料消耗</td><td>序号</td><td>名称及型号规格</td><td>单位</td><td>数量</td><td colspan="2">备注</td></tr>
<tr><td>1</td><td></td><td></td><td></td><td colspan="2"></td></tr>
<tr><td>2</td><td></td><td></td><td></td><td colspan="2"></td></tr>
<tr><td>3</td><td></td><td></td><td></td><td colspan="2"></td></tr>
<tr><td rowspan="4">机械消耗</td><td>序号</td><td>名称及型号规格</td><td>单位</td><td>数量</td><td>起止时间</td><td>工作耗时（h）</td></tr>
<tr><td>1</td><td></td><td></td><td></td><td></td><td></td></tr>
<tr><td>2</td><td></td><td></td><td></td><td></td><td></td></tr>
<tr><td>3</td><td></td><td></td><td></td><td></td><td></td></tr>
<tr><td>备注</td><td colspan="6"></td></tr>
</table>

6.4.4 编制阶段

依次开展以下工作：

a) 按 5.4 和 5.5 中的方法对收集的数据进行误差识别和处理，形成作为定额基础数据的样本数据组；

b) 计算样本数据组的平均值，记为 $\overline{X}_1$；

c) 将样本数据组中小于的样本数据再求平均值，记为 $\overline{X}_2$；

d) 计算定额消耗量 $CQ=(\overline{X}_1+\overline{X}_2)/2$；

e) 汇总施工定额的人工、材料和机械台班消耗量，计算基价，编写工程内容，形成完整的施工定额表。

7 基于施工定额综合扩大的预算定额编制

7.1 一般规定

预算定额应反映完成单位合格分项工程消耗的活劳动和物化劳动的社会平均消耗量水平。包括人工消耗定额、材料消耗定额、机械台班消耗定额。其中人工消耗定额和机械台班消耗定额以时间定额的形式表示。

7.2 编制原则

遵循以下编制原则：

a) 贯彻国家政策、法律法规；

b) 与施工图设计深度相适应；

c) 按社会平均水平编制；

d) 专家编审；

e) 简明适用。

7.3 编制依据

编制依据如下：

a) 国家有关法律法规；

b) 技术标准和规范；

c) 设计、施工图纸；

d) 施工定额；

e) 施工方法；

f) 其他相关资料。

7.4 预算定额编制

以施工定额为基础综合扩大编制预算定额，分为准备、收集资料和编制三个阶段。

7.4.1 准备阶段

按 6.3.1 的规定执行。

7.4.2 收集资料阶段

编制预算定额前应收集以下资料：

7.4.2.1 标准规范类资料

a) 国家相关法律法规；
b) 施工定额；
c) 施工方法；
d) 标准图纸；
e) 设计标准规范、施工及验收规范、安全和环保等方面标准规范；
f) 其他的相关标准和规范。

7.4.2.2 材料消耗系数

确定待测定额子目材料消耗的相关系数，包括：
a) 路基土方的松方、天然密实方和压实方的相互关系及其干密度；
b) 路面工程材料的松方干密度、混合料压实干密度及单一材料压实系数、路面混合料配合比；
c) 砌筑工程石料及砂浆耗用量、勾缝及抹面砂浆用量；
d) 水泥混凝土、砂浆及水泥浆配合比；
e) 钢材接头、焊接与切割材料耗用量；
f) 混凝土木模板、钢模板(定型模板及组合模板)、滑动模板材料图纸一次使用量；
g) 钢或木脚手架、踏步及井字架、门式吊架图纸一次使用量；
h) 混凝土养生材料耗用量及拌和养生用水量；
i) 各种材料、半成品单位质量、场内运输及操作损耗率。

7.4.2.3 材料周转及摊销系数

确定待测定额子目周转材料的相关系数，包括：
a) 预制或现浇混凝土、钢筋混凝土模板及支架、拱盔、隧道支撑材料周转及摊销次数；
b) 基础及打桩工程材料摊销次数；
c) 吊装设备材料摊销次数；
d) 预制构件和块件的堆放、运输材料摊销次数；
e) 临时轨道铺设材料摊销；
f) 灌注桩设备材料摊销；
g) 脚手架、踏步、井字架、门式吊架、轻型上下架等材料摊销次数。

7.4.2.4 专题座谈

邀请公路工程建设、设计、施工及管理单位有经验的专业人员开座谈会，针对定额编制工作提出意见和建议。

7.4.3 编制阶段

7.4.3.1 工作内容确定

根据现行技术标准、标准图纸和施工工艺流程等资料，确定待测定额的工作内容。

7.4.3.2 施工过程划分

根据确定的工作内容，将待测定额的施工过程分解为若干工序，工序的划分粗细程度由子目的技术特点确定。

7.4.3.3 计量单位确定

结构的三个度量都经常发生变化时，采用立方米作为计量单位；结构的三个度量中有两个度量经常发生变化，采用平方米为计量单位；物体截面形状基本固定或无规律性变化时，采用米或千米作为计量单位；工程量主要取决于设备或材料的质量时，采用吨或公斤作为计量单位。

7.4.3.4 工程量计算

依据标准图纸，计算每计量单位的定额子目中各工序的工程量。

7.4.3.5 定额子目平衡

对定额单位的工程量与所综合成分中的主要成分的工程量进行综合平衡，超过综合误差率（见附录 C 表 C.1）的应划分单独子目。

7.4.3.6 预算定额人工消耗量计算

7.4.3.6.1 确定人工幅度差系数

按附录 C 表 C.2 确定预算定额人工幅度差系数。

7.4.3.6.2 计算基本工

基本工是指完成单位合格产品所必须消耗的技术工种用工，按式(22)计算。

$$Q_1\sum_{i=1}^{m}(\text{工序的工程量}\times\text{工序的人工消耗施工定额}) \qquad (22)$$

式中：

Q_1——基本工；

m——定额子目划分的工序数量。

7.4.3.6.3 计算超运距工

超运距用工是指预算定额的平均水平运距超过施工定额规定水平运距部分，按式(23)计算。

$$Q_2=\text{运输人工消耗施工定额}\times(\text{预算定额取定的运距}-\text{施工定额已包括的运距}) \qquad (23)$$

式中：

Q_2——超运距用工。

7.4.3.6.4 计算人工幅度差

人工幅度差是指在施工定额作业时间之外在预算定额应考虑的在正常施工条件下所发生的各种工时损失，按式(24)计算。

$$Q_3=(Q_1+Q_2)\times FC_R \qquad (24)$$

式中：

Q_3——人工幅度差；

Q_1——基本工；

Q_2——超运距用工；

FC_R——预算定额人工幅度差系数，见附录 C 表 C.2。

7.4.3.6.5 计算预算定额人工消耗量

按式(25)计算预算定额的人工消耗量。

$$YQ_R=Q_1+Q_2+Q_3 \qquad (25)$$

式中：

YQ_R——预算定额人工消耗量；

Q_1——基本工；

Q_2——超运距用工；

Q_3——人工幅度差。

7.4.3.7 预算定额机械台班消耗量计算

7.4.3.7.1 确定机械幅度差系数

按附录C表C.3确定预算定额机械幅度差系数。

7.4.3.7.2 计算机械台班消耗量

按式(26)计算预算定额机械台班消耗量。

$$YQ_J = [\sum_{i=1}^{m}(\text{工序的工程量} \times \text{工序的施工定额机械台班消耗量})] \times FC_J \tag{26}$$

式中：

YQ_J——预算定额机械台班消耗量；

FC_J——机械幅度差系数，见附录C表C.3；

m——定额子目划分的工序数量。

7.4.3.8 预算定额材料消耗量计算

按式(27)计算预算定额材料消耗量。

$$YQ_M = \sum_{i=1}^{m}(\text{工序的工程量} \times \text{工序的施工定额材料消耗量}) \tag{27}$$

式中：

YQ_M——预算定额材料消耗量；

m——定额子目划分的工序数量。

7.4.3.9 形成定额表

汇总预算定额人工、材料和机械台班消耗量，计算基价，编写工程内容，形成完整的预算定额表。

8 基于综合相似度的预算定额编制

8.1 一般规定

只有少样本数据的待测项目，可参考使用基于综合相似度的预算定额编制模型。对应的预算定额编制流程见图3。

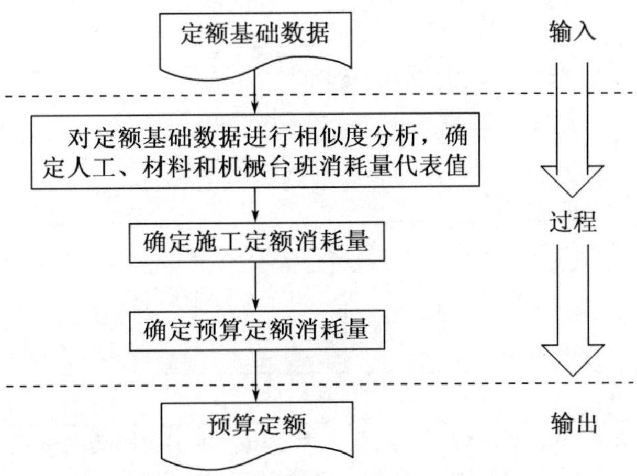

图3 基于综合相似度的预算定额编制流程

基于少样本数据编制的定额，在收集到相同工程的人工、材料和机械台班消耗量后，应对该定额水平进行验证，并根据验证结果判断是否修订该定额。

8.2 输入、过程和输出

8.2.1 输入

输入是按5.4和5.5中的方法对少样本数据进行误差识别和处理之后得到定额基础数据。

8.2.2 过程

编制过程包括综合代表值确定、施工定额编制和预算定额编制。

8.2.3 输出

输出是预算定额的人工、材料和机械台班消耗量。

8.3 综合代表值确定

基于少样本数据确定待测项目人工、材料和机械台班消耗量的综合代表值，基本原理和计算方法见附录D。步骤如下：

8.3.1 定额测定影响因素确定

采用专家调查法判断定额测定的主要影响因素，明确对应的影响因素标准水平。影响因素调查表参见表5。

表5 定额测定影响因素调查表

测定者		测定对象			
影响程度		影响因素			
		高	中	低	无
填表说明：将常见的定额测定影响因素填入表中，一般选取10项。将表分发给专家，请专家根据对测定对象的了解判断各影响因素对定额测定值的影响程度。					

8.3.2 影响因素隶属度确定

采用问卷调查法确定各样本影响因素的隶属度。调查问卷表参见表6。

表6 隶属度调查问卷表

测定对象		测定说明	
影响因素	因素说明	隶属度	备注
填表说明：根据表5的分析结果，选择影响程度高的5个因素填入表中的影响因素栏，然后根据确定的正常施工条件，描述各影响因素的情况，填入表中的因素说明栏，以定额值对应的隶属度为0.5为标准，确定各样本值的隶属度，取值范围是(1,0)，样本值隶属度大于0.5时表示这个影响因素对该样本的影响好于其对定额值的影响。反之，则差。			

8.3.3 模糊贴近度计算

8.3.3.1 计算样本的海明贴近度

a) 按式(28)计算样本的海明距离。

$$d_H(B,A_k)\ \frac{1}{n}\sum_{i=1}^{m}\mid b_k - x_{ki}\mid, k=1,2,\cdots m \tag{28}$$

式中：

d_H——海明距离；
n——样本个数；
m——指标个数；
B——综合代表值的隶属度集合；
A_k——第 i 个样本值的隶属度集合；
b_k——综合代表值对第 k 个指标的隶属度；
x_{ki}——第 i 个样本值对第 k 个指标的隶属度。

b) 按式(29)计算样本的海明贴近度。

$$\sigma_H = 1 - d_H \tag{29}$$

式中：

σ_H——海明贴近度；
d_H——海明距离。

8.3.3.2 计算样本的最大最小贴近度

按式(30)计算样本的最大最小贴近度。

$$\sigma_Z(B,A_k) = \frac{\sum_{i=1}^{n}[B(u_i) \wedge A_k(u_i)]}{\sum_{i=1}^{n}[B(u_i) \vee A_k(u_i)]}, k = 1,2,\cdots m \tag{30}$$

式中：

σ_Z——最人最小贴近度；
n——样本个数；
m——指标个数；
$B(u_i)$——综合代表值的隶属度集合；
$A_k(u_i)$——第 i 个样本值的隶属度集合。

8.3.3.3 计算样本的模糊贴近度

按式(31)计算样本的模糊贴近度。

$$\sigma_M = \frac{1}{2}(\sigma_H + \sigma_Z) \tag{31}$$

式中：

σ_M——模糊贴近度；
σ_H——海明贴近度；
σ_Z——最大最小贴近度。

8.3.4 灰色关联度计算

按式(32)计算样本的灰色关联度。

$$\gamma_k = \gamma(B, A_k) = \frac{1}{n}\sum_{i=1}^{n}\gamma(b_i, x_{ki}), i = 1,2,\cdots n \qquad k = 1,2,\cdots m \tag{32}$$

$$\gamma(b_k, x_{ki}) = \frac{\min\limits_i \min\limits_k |b_i - x_{ki}| + \xi \max\limits_i \max\limits_k |b_i - x_{ki}|}{|b_i - x_{ki}| + \xi \max\limits_i \max\limits_k |b_i - x_{ki}|} \tag{33}$$

式中：

γ_k——综合代表值对第 k 个指标的灰色关联度；

b_i——综合代表值对第 i 个指标的隶属度；

x_{ki}——第 i 个样本值对第 k 个指标的隶属度；

n——样本个数；

m——指标个数；

ξ——系数，取 0.5。

8.3.5 综合相似度计算

按式(34)计算样本的综合相似度。

$$\alpha_k = 0.8\sigma_M + 0.2\gamma_k \tag{34}$$

式中：

α_k——样本的综合相似度；

σ_M——样本的模糊贴近度；

γ_k——样本的灰色关联度。

8.3.6 代表值选取

按综合相似度从大到小选取前三个样本项目作为代表项目，其对应的综合相似度记为 $\alpha_1, \alpha_2, \alpha_3$，相应的人工、材料和机械台班消耗量集记为 C_1, C_2, C_3。

8.3.7 综合代表值计算

按式(35)计算待测项目人工、材料和机械台班消耗量的综合代表值。

$$C_B = \frac{\alpha_1}{\alpha_1+\alpha_2+\alpha_3}C_1 + \frac{\alpha_2}{\alpha_1+\alpha_2+\alpha_3}C_2 + \frac{\alpha_3}{\alpha_1+\alpha_2+\alpha_3}C_3 \tag{35}$$

式中：

C_1, C_2, C_3——代表项目的人工、材料和机械台班消耗量集；

α_1——代表项目 C_1 的综合相似度；

α_2——代表项目 C_2 的综合相似度；

α_3——代表项目 C_3 的综合相似度。

8.4 施工定额编制

以综合代表值作为定额基础数据，编制施工定额。

8.4.1 人工消耗量计算

基于综合代表值中的人工消耗量转换为时间定额。

8.4.2　机械台班消耗量计算

基于综合代表值中的机械台班消耗量和对应的工程量，计算施工定额机械台班消耗量，步骤和方法按 6.3.3.2 的规定执行。

8.4.3　材料消耗量计算

基于综合代表值中的材料消耗量和对应的工程量，计算施工定额材料消耗量，步骤和方法按 6.3.3.3 的规定执行。

8.5　预算定额编制

基于综合代表值编制施工定额之后，对施工定额进行综合扩大编制预算定额，步骤和方法按 7.4.3 的规定执行。

9　基于线性拟合法与层次分析法的预算定额编制

9.1　一般规定

无样本数据的待测项目，可参考使用基于线性拟合法与层次分析法编制预算定额。对应的预算定额编制流程见图 4。

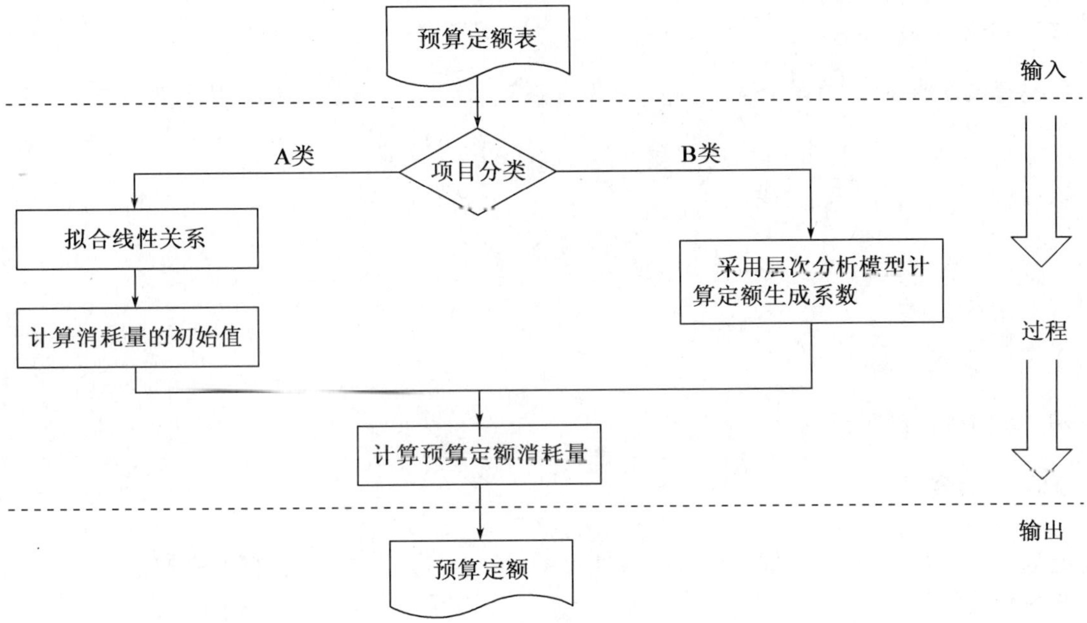

图 4　基于线性拟合法与层次分析法预算定额编制流程

基于无样本数据编制的定额，在收集到相同或相似工程的人工、材料和机械台班消耗量后，应对该定额水平进行验证，并根据验证结果判断是否修订该定额。

无样本数据的待测项目按其工作内容划分为 A 类和 B 类：

a)　A 类项目：待测项目的工作内容与现行定额项目的工作内容一致，仅是关键尺寸发生变化，且关键尺寸决定人工、材料和机械消耗量，运用基于线性拟合的方法编制预算定额；

b)　B 类项目：将待测项目的施工过程分解后，仅部分工作内容能套用现行定额，运用基于层次分析的方法编制预算定额。

9.2 输入、过程和输出

9.2.1 输入

输入是现行定额，包括：公路工程预算定额（JTG/T B06-02—2007），云南省和其他省市自治区发布的补充预算定额。

9.2.2 过程

编制过程包括A类项目的预算定额编制和B类项目的预算定额编制。

9.2.3 输出

输出是预算定额的人工、材料和机械台班消耗量。

9.3 线性拟合法编制预算定额

线性拟合法用于编制A类项目的预算定额。

9.3.1 资料收集

确定与待测项目工作内容相同的现行定额子目，选取关键尺寸，收集各定额子目对应的关键尺寸值 y_i 与对应的消耗量 x_i。

9.3.2 线性关系拟合

拟合关键尺寸值 y_i 与消耗量 x_i 之间的线性关系 $y_i=\beta\times x_i$。按式(36)计算斜率。

$$\beta=\frac{\sum_{i=1}^{n}x_iy_i}{\sum_{i=1}^{n}x_i^2} \tag{36}$$

式中：

β——斜率；
x_i——消耗量；
y_i——关键尺寸；
n——收集的定额子目数量。

9.3.3 初始值计算

确定待测项目的关键尺寸，根据拟合的线性关系 $\hat{x}=y/\beta$，计算人工、材料和机械台班的消耗量作为预算定额的初始值。

9.3.4 标准差计算

按式(39)计算初始值的标准差。

$$S_y=\sqrt{\frac{\sum_{i=1}^{n}(y_i-\beta x_i)^2}{n-1}} \tag{37}$$

$$S_\beta=\frac{S_y}{\sqrt{\sum_{i=1}^{n}x_i^2}} \tag{38}$$

$$S_{\hat{x}}=\sqrt{\frac{S_y^2}{\beta^2}+\frac{\hat{y}^2}{\beta^2}S_\beta^2} \tag{39}$$

式中：

$S_{\hat{x}}$——初始值的标准差；

S_y——关键尺寸的标准差；

S_β——斜率的标准差；

β——斜率；

x_i——消耗量；

y_i——关键尺寸；

n——收集的定额子目数量。

9.3.5 定额消耗量确定

待测项目预算定额的人工、材料和机械台班消耗量应在区间$[\hat{x}-S_{\hat{x}},\hat{x}+S_{\hat{x}}]$内取值，一般取上限，即$\hat{x}+S_{\hat{x}}$。

9.3.6 形成预算定额表

根据确定的预算定额人工、材料和机械台班消耗量，计算基价，编写工程内容，形成完整的预算定额表。

9.4 层次分析法编制预算定额

层次分析法用于编制B类项目的预算定额。

9.4.1 资料收集

分解待测项目施工过程，收集部分工作内容能套用的现行预算定额，作为基本定额。

9.4.2 问卷调查

针对待测项目与基本定额在自然环境、施工队伍、技术水平、管理水平和工作内容等方面的差异性，进行问卷调查，调查表参见表7。

表7 问卷调查表

待测项目描述			基本定额说明	
自然环境	施工队伍	技术水平	管理水平	工作内容
填表说明：专家根据自己经验，按照1-9标度法（表8）进行填写，分别说明待测项目与基本定额在自然环境、施工队伍、技术水平、管理水平和工作内容等方面的比较结果。如：在自然环境的影响方面，认为待测项目受到的影响程度要比基本定额稍微重要，则在自然环境栏填3。				

表8　标 度 说 明

标　　度	含　　义
1	表示2个因素比较，具有相同影响效果
3	表示2个因素比较，一个比另一个影响稍微重要
5	表示2个因素比较，一个比另一个影响明显重要
7	表示2个因素比较，一个比另一个影响强烈重要
9	表示2个因素比较，一个比另一个影响极端重要
2,4,6,8	表示上述两相邻判断的中间值
倒数	若因素 i 与 j 比较得判断 b_{ij}，则因素 j 与 i 比较的判断为 $b_{ji}=1/b_{ij}$

9.4.3　判断矩阵构建

根据问卷调查结果，构造2×2判断矩阵 $B=(b_{ij})$，$i=1,2$；$j=1,2$。其中：$b_{11}=1$，b_{12}取整数（问卷调查结果的算术平均值），$b_{21}=1/b_{12}$，$b_{22}=1$。

9.4.4　层次指标单权重计算

计算判断矩阵 B 的正则化特征向量，正则化特征向量的分量就是相应层次指标单权重，记为 ω。

9.4.4.1　计算特征向量

按式(40)计算判断矩阵 B 的特征向量。

$$\overline{W}_i=\sum_{j=1}^{2}\bar{b}_{ij} \tag{40}$$

式中：

$\overline{W}_i$——判断矩阵的特征向量；

$\bar{b}_{ij}$——判断矩阵 B 每一列的正则化值，按式(41)计算。

$$\bar{b}_{ij}=\frac{b_{ij}}{\sum_{k=1}^{2}b_{kj}} \tag{41}$$

式中：

$\bar{b}_{ij}$——判断矩阵 B 每一列的正则化值；

b_{ij}——判断矩阵 B 第 i 行第 j 列的值。

9.4.4.2　正则化特征向量

按式(42)正则化判断矩阵 B 的特征向量。

$$W=\frac{\overline{W}_i}{\sum_{j=1}^{2}\overline{W}_j} \tag{42}$$

式中：

W——判断矩阵 B 的正则化特征向量；

$\overline{W}_i$——判断矩阵 B 第 i 个特征向量。

9.4.5　层次组合权重计算

确定自然环境、施工队伍、技术水平、管理水平和工作内容这5个因素的权重 α_i，$i=1,\cdots,5$。本层每个因素的组合权重为 $\sum_{i=1}^{5}\alpha_i\omega_{i1}$，$\sum_{i=1}^{5}\alpha_i\omega_{i2}$。

9.4.6 定额生成系数计算

按式(43)计算定额生成系数。

$$\mu=\frac{\sum_{i=1}^{5}\alpha_i\omega_{i1}}{\sum_{i=1}^{5}\alpha_i\omega_{i2}} \tag{43}$$

式中：

μ——定额生成系数；

α_i——第 i 个因素的权重；

ω_{i1}——待测项目的层次指标单权重；

ω_{i2}——基本定额的层次指标单权重。

在编制B类项目预算定额时，若待测项目的工作内容与基本定额的工作内容差别较小时，其定额生成系数亦可参考表9估计确定。

表9 B类项目定额生成系数参考表

工 程 类 别	消 耗 内 容		
	人工	材料	机械
人工土方	[1.00,1.25]	[1.00,1.15]	[1.00,1.10]
机械土方	[1.00,1.10]	[1.00,1.15]	[1.00,1.30]
汽车运输	[1.00,1.10]	[1.00,1.10]	[1.00,1.25]
人工石方	[1.00,1.30]	[1.00,1.15]	[1.00,1.15]
机械石方	[1.00,1.15]	[1.00,1.15]	[1.00,1.30]
高级路面	[1.00,1.15]	[1.00,1.25]	[1.00,1.30]
其他路面	[1.00,1.25]	[1.00,1.25]	[1.00,1.25]
构造物Ⅰ	[1.00,1.30]	[1.00,1.25]	[1.00,1.20]
构造物Ⅱ	[1.00,1.25]	[1.00,1.25]	[1.00,1.25]
构造物Ⅲ	[1.00,1.20]	[1.00,1.25]	[1.00,1.30]
技术复杂大桥	[1.00,1.20]	[1.00,1.25]	[1.00,1.40]
隧道	[1.00,1.20]	[1.00,1.25]	[1.00,1.40]
钢材及钢结构	[1.00,1.15]	[1.00,1.30]	[1.00,1.40]
注：工程类别的划分方法与公路工程预算编制中其他工程费及间接费取费标准的工程类别划分方法一致。			

9.4.7 定额消耗量确定

查基本定额汇总计算其消耗量，按式(44)计算待测项目预算定额的消耗量。

$$YQ=YQ_0\times\mu \tag{44}$$

式中：

YQ——预算定额消耗量；

YQ_0——基本定额消耗量；

μ——定额生成系数。

9.4.8 形成预算定额表

按9.3.6的规定执行。

10 基于预算定额综合扩大的概算定额编制

10.1 一般规定

概算定额应反映完成单位合格扩大分项工程消耗的活劳动和物化劳动的社会平均消耗量水平。包括人工消耗定额、材料消耗定额、机械台班消耗定额。其中人工消耗定额和机械台班消耗定额以时间定额的形式表示。

10.2 编制原则

遵循以下编制原则：

a） 贯彻国家政策、法律法规；

b） 与初步设计深度相适应；

c） 按社会平均水平编制；

d） 专家编审；

e） 简明适用。

10.3 编制依据

编制依据如下：

a） 国家有关法律法规；

b） 技术标准和规范；

c） 设计图纸；

d） 预算定额；

e） 施工方法；

f） 其他相关资料。

10.4 编制步骤

以预算定额为基础综合扩大编制概算定额，分为准备、收集资料和编制三个阶段。

10.4.1 准备阶段

按6.3.1的规定执行。

10.4.2 收集资料阶段

收集10.3中列出的资料。

10.4.3 编制阶段

10.4.3.1 工作内容确定

按7.4.3.1的规定执行。

10.4.3.2 施工过程划分

根据确定的工作内容，将待测定额的施工过程分解为若干分项工程。

10.4.3.3 计量单位确定

按7.4.3.3的规定执行。

10.4.3.4 工程量计算

依据设计图纸，计算每计量单位的定额子目中，各分项工程的工程量。

10.4.3.5 定额子目平衡

路基土石方、路面、隧道、桥梁、涵洞等工程量较大的定额项目，子目之间的基价综合误差宜控制在10%以内。其他工程量不大的定额项目，子目之间的基价综合误差宜控制在15%的范围内。

10.4.3.6 概算定额人工消耗量计算

10.4.3.6.1 确定人工幅度差系数

按表10确定概算定额人工幅度差系数。

表10 预算定额综合为概算定额幅度差系数

概算定额工程项目	幅度差	
	人工	机械
路基准备工作及土、石方	1.00	1.01
路基排水	1.01	1.01
路基防护	1.01	1.02
路基特殊路基处理	1.02	1.02
路面	1.03	1.02
隧道	1.02	1.02
涵洞	1.04	1.03
桥梁挖基	1.01	1.02
桥梁围堰	1.03	1.03
桥梁沉井	1.02	1.02
桥梁桩基础	1.01	1.01
桥梁承台混凝土	1.04	1.03
桥梁上、下部构造(钢筋、预应力、钢结构除外)	1.05	1.03
桥梁上、下部构造钢筋、预应力、钢结构	1.02	1.02
小桥及涵洞扩大	1.03	1.03
安全设施	1.02	1.02
收费、监控、通信、供电、照明、管线、绿化	1.01	1.01
临时	1.04	1.03

10.4.3.6.2 计算基本工

按式(45)计算基本工。

$$Q_1 = \sum_{i=1}^{m}(\text{分项工程的工程量} \times \text{分项工程的人工消耗预算定额}) \tag{45}$$

式中：

Q_1——基本工；

m——定额子目划分的分项工程数量。

10.4.3.6.3 计算超运距工

按式(46)计算计算超运距工。

$$Q_2 = \text{运输的人工消耗施工定额} \times (\text{概算定额取向的运距} - \text{预算定额已包括的运距}) \tag{46}$$

式中：

Q_2——超运距用工。

10.4.3.6.4 计算人工幅度差

按式(47)计算人工幅度差。

$$Q_3 = (Q_1 + Q_2) \times FC_R \tag{47}$$

式中：

Q_1——基本工；

Q_2——超运距用工；

Q_3——人工幅度差；

FC_R——人工幅度差系数，按表 10 确定。

10.4.3.6.5 计算概算定额人工消耗量

按式(48)计算概算定额的人工消耗量。

$$GQ_R = Q_1 + Q_2 + Q_3 \tag{48}$$

式中：

GQ_R——概算定额人工消耗量；

Q_1——基本工；

Q_2——超运距用工；

Q_3——人工幅度差。

10.4.3.7 概算定额机械台班消耗量计算

10.4.3.7.1 确定机械幅度差系数

按表 10 确定概算定额机械幅度差系数。

10.4.3.7.2 计算机械台班消耗量

按式(49)计算概算定额机械台班消耗量。

$$GQ_J = [\sum_{i=1}^{m}(\text{分项工程的工程量} \times \text{分项工程的预算定额机械台班消耗量})] \times FC_J \tag{49}$$

式中：

GQ_J——概算定额机械台班消耗量；

m——定额子目划分的分项工程数量；

FC_J——机械幅度差系数，按表 10 确定。

10.4.3.8 概算定额材料消耗量计算

按式(50)计算概算定额材料消耗量。

$$GQ_M = \sum_{i=1}^{m}(\text{分项工程的工程量} \times \text{分项工程的预算定额材料消耗量}) \quad (50)$$

式中：

GQ_M——概算定额材料消耗量；

m——定额子目划分的分项工程数量。

10.4.3.9 形成定额表

汇总概算定额人工、材料和机械台班消耗量，计算基价，编写工程内容，形成完整的概算定额表。

11 基于概算定额综合扩大的估算指标编制

11.1 一般规定

估算指标应反映完成单位合格分部工程或单项工程所消耗的活劳动和物化劳动的社会平均消耗量水平，包括人工消耗定额、材料消耗定额、机械台班消耗定额。其中人工消耗定额和机械台班消耗定额以时间定额的形式表示。

11.2 编制原则

遵循以下编制原则：

a) 贯彻国家政策、法律法规；
b) 与项目建议书、可行性研究报告等基本建设前期工作的编制深度和要求相适应；
c) 按社会平均水平编制；
d) 专家编审；
e) 简明适用。

11.3 编制依据

编制依据如下：

a) 国家的有关法律法规；
b) 技术标准和规范；
c) 设计图纸；
d) 概算定额；
e) 施工方法；
f) 其他相关资料。

11.4 编制步骤

以概算定额为基础综合扩大编制估算指标，分为准备、收集资料和编制三个阶段。

11.4.1 准备阶段

按 6.3.1 的规定执行。

11.4.2 收集资料阶段

收集 11.3 中列出的资料。

11.4.3 编制阶段

11.4.3.1 工作内容确定

按7.4.3.1的规定执行。

11.4.3.2 施工过程划分

根据确定的工作内容，将待测估算指标的施工过程分解为若干分部工程。

11.4.3.3 计量单位确定

按7.4.3.3的规定执行。

11.4.3.4 工程量计算

依据设计图纸，计算每计量单位的指标子目中，各分部工程的工程量。

11.4.3.5 定额子平衡

路基土石方、路面、隧道、桥梁、涵洞等工程量较大的定额项目，子目之间的基价综合误差应控制在10%以内；其他工程量不大的定额项目，子目之间的基价综合误差可控制在20%的范围内。

11.4.3.6 估算指标人工消耗量计算

按式(51)计算估算指标人工消耗量。

$$ZQ_R = \sum_{i=1}^{m}(\text{分部工程的工程量} \times \text{分部工程的概算定额人工消耗量}) \tag{51}$$

式中：ZQ_R——指标的人工消耗量；

m——指标子目划分的分部工程数量。

11.4.3.7 估算指标机械台班消耗量计算

按式(52)计算估算指标机械台班消耗量。

$$ZQ_J = \sum_{i=1}^{m}(\text{分部工程的工程量} \times \text{分部工程的概算定额机械台班消耗量}) \tag{52}$$

式中：

ZQ_J——指标的机械台班消耗量；

m——指标子目划分的分部工程数量。

11.4.3.8 估算指标材料消耗量计算

按式(53)计算估算指标材料消耗量。

$$ZQ_M = \sum_{i=1}^{m}(\text{分部工程的工程量} \times \text{分部工程的概算定额材料消耗量}) \tag{53}$$

式中：

ZQ_M——指标的材料消耗量；

m——指标子目划分的分部工程数量。

11.4.3.9 形成定额表

汇总估算指标人工、材料和机械台班消耗量，计算基价，编写工程内容，形成完整的估算指标表。

12 定额水平测算

12.1 一般规定

定额编制完成后，应进行技术经济分析，了解定额水平。定额水平分别按实物量消耗指标和建筑安装工程费指标，采用对比分析法进行测算。

12.2 按实物量消耗指标测算定额水平

采用人工、材料和机械消耗指标，对比与交通运输部的部颁定额之间的差值，分析修订定额的水平。当缺乏对应的部颁定额时，可以选用铁路、建筑、市政，以及外省（市、自治区）交通部门编制的补充定额作为对比依据。步骤为：

a) 确定修订定额的对比依据，选择与其具有相同工作内容的部颁定额；
b) 将修订定额的人工、材料和机械名称及消耗量等填入表 11 中第(2)、(3)、(4)栏；
c) 将作为对比依据的定额的消耗量对应的填入表 11 第(5)栏；
d) 对比计算，表 11 中$(6)=\frac{(4)-(5)}{(4)}\times 100\%$。

表 11 实物量消耗指标测算定额水平表

修订定额编号：　　　　　　　　　　　对比定额编号：

序号	工料机名称	单位	修订定额的消耗量	对比定额的消耗量	比较(%)	附注
(1)	(2)	(3)	(4)	(5)	(6)	(7)
1						
2						
3						
4						

12.3 按建筑安装工程费指标测算定额水平

采用建筑安装工程费指标测算定额水平，步骤为：

a) 选择对比建设项目；
b) 将建设项目的造价文件中的现行定额全部抽换成修订定额；
c) 对抽换后的造价文件进行造价计算，根据建筑安装工程费计算结果填入表 12 的相应栏内；
d) 将采用现行定额计算的费用和修订定额计算的对应费用进行对比填入表 12 的相应栏内。

表 12 定额综合水平测算表

项　目	人工费	材料费	机械使用费	其他工程费	间接费		利润	税金	合计
					企业管理费	规费			
现行定额									
修订定额									
比较(±%)									
注：比较(±%)＝(修订定额值/现行定额值)－1 的计算结果为负时，费用减少；为正时，费用增加。									

附　录　A
（规范性附录）
工作时间分类

A.1　工作时间

工作时间分为工人工作时间和机器工作时间。

A.2　工人工作时间的分类

工人在工作班内消耗的工作时间，按其消耗的性质，分为定额时间（必需消耗的时间）和非定额时间（损失时间）。

定额时间是指工人在正常施工条件下，为完成一定产品（工作任务）所消耗的时间，是制订定额的主要根据。

非定额时间是指施工组织和技术上的缺陷，以及施工过程中工人个人过失或某些偶然因素产生的的时间消耗。不计入定额时间。

工人工作时间的分类见图 A.1。

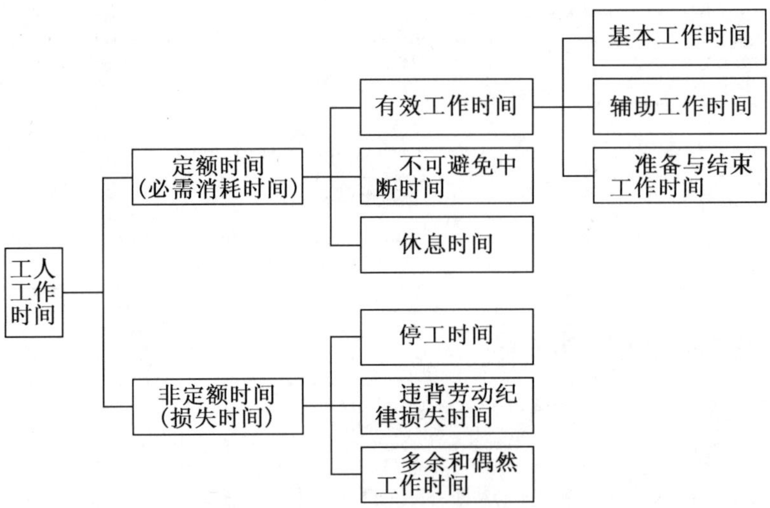

图 A.1　工人工作时间分类

A.3　定额时间

A.3.1　有效工作时间

有效工作时间是指与产品生产直接有关的时间消耗。包括基本工作时间、辅助工作时间、准备与结束工作时间。

A.3.1.1　基本工作时间是指工人完成特定产品生产的施工工艺过程所消耗的时间。基本工作时间的长短和工作量大小成正比。

A.3.1.2　辅助工作时间是指为保证基本工作能顺利完成所做的辅助性工作消耗的时间。在辅助工作时间里，不能使产品的形状大小、性质或位置发生变化。辅助工作时间长短与工作量大小有关。

A.3.1.3　准备与结束工作时间是指执行任务前或任务完成后所消耗的工作时间。准备与结束工作时间长短与工作的复杂程度有关。

A.3.2　不可避免中断时间

不可避免中断时间是指由于施工工艺特点引起的工作中断所必需的时间。包括在定额时间内，但应尽量缩短此项时间消耗。

A.3.3　休息时间

休息时间是指工人在工作过程中为恢复体力所必需的短暂休息和生理需要的时间消耗。休息时间的长短和劳动条件有关，劳动繁重紧张、劳动条件差(如高温)，则休息时间需要长一些。

A.4　非定额时间

A.4.1　多余和偶然工作时间

多余和偶然工作的时间损失，包括多余工作引起的工时损失和偶然工作引起的时间损失两种情况：

a)　多余工作是指工人进行了任务以外的工作而又不能增加产品数量的工作。

b)　偶然工作是指工人在任务外进行的工作，但能够获得一定产品。从偶然工作的性质看，在定额中不应考虑它所占用的时间，但在拟定定额时要适当考虑它的影响。

A.4.2　停工时间

停工时间是指工作班内停止工作造成的工时损失。停工时间按其性质可分为施工本身造成的停工时间和非施工本身造成的停工时间两种：

a)　施工本身造成的停工时间，是指由于施工组织不善、材料供应不及时、工作前准备工作做得不好、工作地点组织不良等情况引起的停工时间。

b)　非施工本身造成的停工时间，是指由于气候条件以及水源、电源中断引起的停工时间。前一种情况在拟定定额时不应该计算，后一种情况定额中则应给予合理的考虑。

A.4.3　违背劳动纪律损失时间

工人违背劳动纪律造成的损失时间，在定额中不能考虑。

A.5　机器工作时间的分类

机器工作时间的分类，按其性质可作如下分类，如图 A.2 所示。

A.6　定额时间

A.6.1　有效工作时间

有效工时间包括正常负荷工作时间和有根据低负荷工作时间。

正常负荷工作时间是指机器在与机器说明书规定的计算负荷相符的情况下进行工作的时间。

有根据降低负荷工作时间是指在个别情况下由于技术上的原因，机器在低于其计算负荷下工作的时间。

A.6.2 不可避免无负荷工作时间

不可避免无负荷工作时间是指由施工过程的特点和机械结构的特点造成的机械无负荷工作时间。

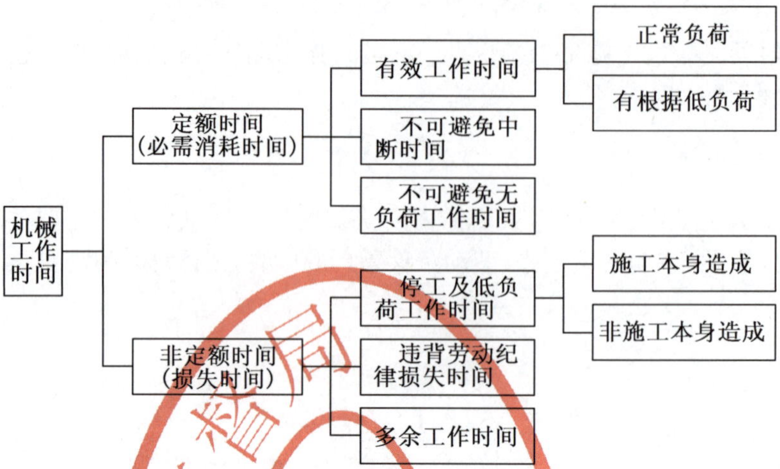

图 A.2 机械工作时间分类

A.6.3 不可避免中断时间

不可避免中断工作时间是指由工艺特点、机器使用和保养、工人休息等造成的必不可少的中断时间。

A.7 非定额时间

A.7.1 多余工作时间

多余工作时间是指机器进行任务内和工艺过程内未包括的工作而延续的时间。

A.7.2 停工及低负荷工作时间

停工时间，按其性质可分为施工本身造成停工和非施工本身造成停工。前者是指由于施工组织不合理而引起的停工现象，如由于未及时供给机器水、电、燃料而引起的停工。后者是指由于气候条件所引起的停工现象，如暴雨时压路机的停工。上述停工中延续的时间，均为机器的停工时间。

低负荷下工作时间是指由于工人或技术人员的过错所造成的施工机械在降低负荷的情况下工作的时间。

A.7.3 违背劳动纪律损失时间

违背劳动纪律损失时间是指由于工人迟到早退或擅离岗位等原因引起的机器停工时间。

附 录 B
（规范性附录）
测定表格与说明

表 B.1 测定法工序原始数据记录表（选择法测时）

观察日期与时间：	天气气温：	施工单位：	观察编号：
公路名称：	公路等级：	桩号：	距工班距离及所用时间：
观察工人数量：		施工组织简介：	
配套机械：			
配套的小型机械、工具说明			

过程名称		观测时间(s)					合计	平均值	备注
		1/6	2/7	3/8	4/9	5/10			
第一组数据									
第二组数据									
平均值总计									

观察者：　　　　　　　　　　　　　　　　　　　　复核者：

表 B.2 测时法工序原始数据记录表（连续法测时）

定额名称	施工单位	日期	施工组织	产量	编号	备注

序号	工作名称	终止时间	观测次数						工人数	时间计算		
										时间总和	循环次数	平均值

观察者：　　　　　　　　　　　　　　　　　　　　复核者：

填表说明：

(1)本表为现场原始记录表，每测定一次填写一张。

(2)观察编号必须按组别、时间、顺序等编列，要求一一对应；施工组织简况务必对施工的环境、工人与技术人员、管理人员的情况记录下来。

(3)完成产量的单位不必强求与定额单位相一致，例如定额单位为“$10m^3$”时，表中可按“m^3”计。对于记录不能确定定额单位的类型，必须对工程量的平纵横尺寸详细记录下来。

表 B.3　测时法工序汇总记录表

<table>
<tr><td colspan="4">测时地点：</td><td colspan="4">样本总数：</td></tr>
<tr><td rowspan="2">序号</td><td rowspan="2">观察编号</td><td>时间</td><td>人数</td><td>工程量</td><td>备注</td><td rowspan="2">劳动量</td><td rowspan="2">单位消耗</td></tr>
<tr><td>1</td><td>2</td><td>3</td><td>4</td></tr>
<tr><td>1</td><td></td><td></td><td></td><td></td><td></td><td></td><td></td></tr>
<tr><td>2</td><td></td><td></td><td></td><td></td><td></td><td></td><td></td></tr>
<tr><td>3</td><td></td><td></td><td></td><td></td><td></td><td></td><td></td></tr>
<tr><td>4</td><td></td><td></td><td></td><td></td><td></td><td></td><td></td></tr>
<tr><td>5</td><td></td><td></td><td></td><td></td><td></td><td></td><td></td></tr>
<tr><td>6</td><td></td><td></td><td></td><td></td><td></td><td></td><td></td></tr>
<tr><td>7</td><td></td><td></td><td></td><td></td><td></td><td></td><td></td></tr>
<tr><td>8</td><td></td><td></td><td></td><td></td><td></td><td></td><td></td></tr>
<tr><td>9</td><td></td><td></td><td></td><td></td><td></td><td></td><td></td></tr>
<tr><td>10</td><td></td><td></td><td></td><td></td><td></td><td></td><td></td></tr>
<tr><td colspan="7">平均值</td><td></td></tr>
</table>

观察者：　　　　　　　　　　　　　　　　复核者：

表 B.4　写 实 记 录 表

<table>
<tr><td>工地名称</td><td colspan="2"></td><td>开始时间</td><td colspan="2"></td><td colspan="2">延续时间</td><td colspan="2"></td><td colspan="2">观察编号</td><td colspan="4"></td></tr>
<tr><td>施工单位名称</td><td colspan="2"></td><td>终止时间</td><td colspan="2"></td><td colspan="2">记录日期</td><td colspan="2"></td><td colspan="2">页次</td><td colspan="4"></td></tr>
<tr><td colspan="3">施工过程：</td><td colspan="13">观察记录：</td></tr>
<tr><td rowspan="2">序号</td><td rowspan="2" colspan="2">施工过程
组成部分名称</td><td rowspan="2">时间
消耗量</td><td rowspan="2">组成
部分
序号</td><td colspan="2">起止时间</td><td rowspan="2">延续
时间</td><td colspan="2">完成产品</td><td rowspan="2">组成
部分
序号</td><td colspan="2">起止时间</td><td rowspan="2">延续
时间</td><td colspan="2">完成产品</td></tr>
<tr><td>时</td><td>分</td><td>计量
单位</td><td>数量</td><td>时</td><td>分</td><td>计量
单位</td><td>数量</td></tr>
<tr><td>(1)</td><td colspan="2">(2)</td><td>(3)</td><td>(4)</td><td colspan="2">(5)</td><td>(6)</td><td>(7)</td><td>(8)</td><td>(9)</td><td colspan="2">(10)</td><td>(11)</td><td>(12)</td><td>(13)</td></tr>
<tr><td>1</td><td></td><td></td><td></td><td></td><td></td><td></td><td></td><td></td><td></td><td></td><td></td><td></td><td></td><td></td><td></td></tr>
<tr><td>2</td><td></td><td></td><td></td><td></td><td></td><td></td><td></td><td></td><td></td><td></td><td></td><td></td><td></td><td></td><td></td></tr>
<tr><td>3</td><td></td><td></td><td></td><td></td><td></td><td></td><td></td><td></td><td></td><td></td><td></td><td></td><td></td><td></td><td></td></tr>
<tr><td>4</td><td></td><td></td><td></td><td></td><td></td><td></td><td></td><td></td><td></td><td></td><td></td><td></td><td></td><td></td><td></td></tr>
<tr><td>…</td><td></td><td></td><td></td><td></td><td></td><td></td><td></td><td></td><td></td><td></td><td></td><td></td><td></td><td></td><td></td></tr>
<tr><td></td><td>合计</td><td></td><td></td><td></td><td></td><td></td><td></td><td></td><td></td><td></td><td></td><td></td><td></td><td></td><td></td></tr>
</table>

观察者：　　　　　　　　　　　　　　　　复核者：

表 B.5　写实记录法汇总整理表（正面）

工地名称		开始时间			观察编号	
施工单位名称		终止时间			页次	
施工过程：						

序号	各组成部分名称	时间消耗量	与全部时间的百分比	计量单位名称		完成产品数量		组成部分的平均时间消耗	按算系数		单位产品的平均时间消耗		占单位产品的时间消耗的百分比
				按组成部门	按最终产品	组成部分的	最终产品的		实际	调整	实际	调整	
(1)	(2)	(3)	(4)	(5)	(6)	(7)	(8)	(9)	(10)	(11)	(12)	(13)	(14)
…	…												
	基本工作时间与辅助工作时间合计												
	准备与结束工作时间												
	休息时间												
	定额时间合计												
	非定额时间合计												
	消耗时间总计												

观察者：　　　　　　　　　　　　　　　　复核者：

表 B.6　写实记录法汇总整理表（反面）

完成产品数量	计量单位	时间消耗（工日）				每 工 产 量		备　注
		全部量		单位产品平均时间消耗				
		实际	调整	实际	调整	实际	调整	
(15)	(16)	(17)	(18)	(19)	(20)	(21)	(22)	

填表说明：

(1)本表为汇总整理表。

(2)工作内容在汇总表里，须说明本定额有关的工艺过程。此内容将作为定额编制说明，也必须作为定额的工程内容及章节说明的依据。

(3)表中第(2)栏，填写各组成部分的名称。顺序是：基本工作时间、辅助工作时间、不可避免的中断时间、准备与结束时间、休息时间、损失时间，各类时间要列出合计。

(4)计算：换算系数$=\frac{\text{各组成部分完成产量}}{\text{最终产品数量}}$。

(5)汇总说明内容包括：调整所测施工过程组成部分时间消耗的技术依据和具体计算方法；准备与结束时间和休息时间的确定，强调不合理时间消耗的理由，以及其他事项。

表 B.7　写实法定额分项时间统计表

工序名称	过程说明	定额时间	基本时间	次要时间			
				辅助时间	准备、结束	休息时间	不可避免中断时间

统计：　　　　　　　　　　　　　　　　　　复核：

表 B.8　工作日写实原始记录表

观测地点：		日期：		施工单位：		观测编号：	
公路名称：		公路等级：		桩号：		距工班距离及所用时间：	
观测工人数量：				施工组织简介：			
配套机械：							
配套的小型机械、工具说明：							
测算时间区段：				开始：		结束：	
一	定额时间	开始时间	结束时间	实际工人数	消耗时间	实际工作量	备注
1	准备工作时间						
2	基本工作时间（工、机变化分段记录）						
3	辅助工作时间						
4	合理中断时间						
5	休息时间						
6	结束整理时间						
	定额时间合计						
二	非定额时间	开始时间	结束时间	实际工人数	损失时间	损失工作量	备注
7	停工时间						

表 B.8(续)

二	非定额时间	开始时间	结束时间	实际工人数	损失时间	损失工作量	备注
8	违反劳动纪律损失的时间						
9	多余和偶然工作时间						
非定额时间合计							

观测者：　　　　　　　　　　　　复核者：

表 B.9　工作日写实记录汇总表

内　　容		第一组数据(5/10)					平均值
观察编号：							
工人数量：							
实际观察时段							
	时间						
1	定额时间合计						
2	非定额时间合计						
3	相应劳动量						
4	对应工程数量						
内　　容		第二组数据(10/10)					
观察编号：							
工人数量：							
实际观察时段							
	时间						
1	定额时间合计						
2	非定额时间合计						
3	相应劳动量						
4	对应工程数量						
合计(时间定额)							

统计：　　　　　　　　　　　　复核：

表 B.10　定额内耗时分配调查表

姓名		工作单位				工作岗位			
测定类别	休息时间		不可避免中断时间		辅助工作时间		准备与结束工作时间		备注
	时间	%	时间	%	时间	%	时间	%	
人工主导									
机械主导									
人工配合机械									
机械配合人工									
一个工作日(8h)内，一个工人的实际工作时间应该是多少：									

计算者：　　　　　　　　　　　　复核：　　　　　　　　　　　　日期：

表 B.11　材料消耗量计算表

观察地点：		日期：		施工单位：	观察编号：	
项目名称：					项目说明：	
序号	成品、材料名称	单位	实际消耗数量	损耗系数(%)	定额消耗量	备　注

观察：　　　　　　　　　　　　　　　　复核：

表 B.12 劳动组织流程说明表

<table>
<tr><td>工序名称</td><td></td><td>分类工程</td><td></td><td rowspan="4">工序过程：
详细描述施工的工艺过程、实物消耗的各个环节；来源于组成定额各个相关消耗说明，具体关联到测时所需的定时点，要求全面、不能漏掉关键环节。服务于定额的文字说明和表格的工程内容；要求详细、准确、简练。包括施工组织计算所使用有关参数等。</td></tr>
<tr><td colspan="4">图纸、资料名称：
标准图纸型号、资料来源、文件规定、设计单位等，以测时计算所采用的模型数据。</td></tr>
<tr><td colspan="4">施工人员要求：
工人技术等级、人数、资质条件等说明。</td></tr>
<tr><td colspan="4">施工所用建筑材料：
材料规格、要求，原材料、构配件要求。</td></tr>
<tr><td colspan="4">主要工程机械：
主导机械规格、功率、效率；配套机械功能、作用、数量。</td><td rowspan="2">现场组织：
施工单位的基本要求。
详细描述现场平面组织的要求，对运输、储存、拌和、操作、工作面要求及协调配合、工序环节交接等交代。
对施工管理上岗制度、规章制度、各方面协调管理的措施等提出要求。</td></tr>
<tr><td colspan="4">施工辅助设备：
主要设备名称、规模、要求，配套设备的数量、性能、功率。</td></tr>
</table>

编制： 复核： 日期：

表 B.13 施工质量技术标准与操作规范

<table>
<tr><td>工序名称</td><td></td><td>分类工程</td><td></td><td rowspan="4">操作规程要求：
针对施工的工艺过程、实物消耗的各个环节说明规范操作的标准；对工人操作、机械操作进行规范，对工作面、施工路线和顺序、工艺前后顺序衔接等进行说明。服务于定额的文字说明和表格的工程内容；要求详细、准确、简练。</td></tr>
<tr><td colspan="4">公路工程技术标准要求：
针对该工序质量要求的标准规范、检测方法、实验抽检方法等。</td></tr>
<tr><td colspan="4">设计规范要求：
设计规定的各种数据如预应力根数，设计规定的标准值如压实度大小等说明。</td></tr>
<tr><td colspan="4">施工规范要求：
针对确定的工序过程，按施工规范要求确定施工过程的标准过程，并完善流程，使流程科学合理化。</td></tr>
<tr><td colspan="4">地方配套规定：
对具地方特色的工序应该补充或参照相关技术规范与标准。</td><td rowspan="2">操作关键点：
开始与结束工作的控制要求，工艺衔接的操作，施工顺序的确定。</td></tr>
<tr><td colspan="4">项目技术规范：
对具备项目特色的技术规范可以参照说明。</td></tr>
</table>

编制： 复核： 日期：

表 B.14　实物消耗成果表

<table>
<tr><td>分项工程</td><td colspan="15">同一属性或同一项目的名称</td></tr>
<tr><td>工序名称</td><td colspan="15">在同一属性下各个细目名称</td></tr>
<tr><td>定额单位</td><td colspan="15">拟定的对应于工程量的单位</td></tr>
<tr><td>工程量说明</td><td colspan="15">观测对象的主体的工程量</td></tr>
<tr><td>工程说明</td><td colspan="15">等级、条件、工艺、机械、工具</td></tr>
<tr><td>完成时间</td><td colspan="15">观测(调查)时间</td></tr>
<tr><td rowspan="2">资料内容
施工队</td><td colspan="4">人工</td><td colspan="4">机械</td><td colspan="6">材料</td><td rowspan="2">备注</td></tr>
<tr><td>工程量</td><td>人数</td><td>工作时间</td><td>工时数</td><td>机械名称</td><td>数量</td><td>工作时间</td><td>台时数</td><td>材料名称</td><td>材料单位</td><td>设计数量</td><td>损耗量</td><td>实际用量</td><td>周转次数</td></tr>
<tr><td rowspan="7">公司、分公司、队组名称</td><td></td><td></td><td></td><td></td><td>机械 1</td><td></td><td></td><td></td><td>材料 1</td><td></td><td></td><td></td><td></td><td></td><td></td></tr>
<tr><td></td><td></td><td></td><td></td><td>机械 2</td><td></td><td></td><td></td><td>材料 2</td><td></td><td></td><td></td><td></td><td></td><td></td></tr>
<tr><td></td><td></td><td></td><td></td><td>小型机具</td><td></td><td></td><td></td><td>材料 3</td><td></td><td></td><td></td><td></td><td></td><td>为一组调查数据</td></tr>
<tr><td></td><td></td><td></td><td></td><td>…</td><td></td><td></td><td></td><td>…</td><td></td><td></td><td></td><td></td><td></td><td></td></tr>
<tr><td></td><td></td><td></td><td></td><td></td><td></td><td></td><td></td><td>…</td><td></td><td></td><td></td><td></td><td></td><td></td></tr>
<tr><td></td><td></td><td></td><td></td><td></td><td></td><td></td><td></td><td></td><td></td><td></td><td></td><td></td><td></td><td></td></tr>
<tr><td></td><td></td><td></td><td></td><td></td><td></td><td></td><td></td><td></td><td></td><td></td><td></td><td></td><td></td><td></td></tr>
</table>

编制：　　　　　　　　　　复核：　　　　　　　　　　日期：

附　录　C
（规范性附录）
基本系数

表 C.1　综 合 误 差 率

工 程 项 目	划分子目的主要因素	误　差　率　（%）
人工土、石方工程	人工消耗量	±15
机械土、石方工程	机械台班消耗量	±10
路面工程	材料	±10
打桩、孔工程	机械台班消耗量	±10
混凝土工程	模板	±20
其他工程		±10

表 C.2　施工定额综合为预算定额人工幅度差系数

定 额 项 目	系　　数
准备工作、土方、石方、安全设备、材料采集加工、材料运输、构件运输	1.04
路面、临时工程、纵向排水、整修路基、其他零星工程	1.06
砌筑、涵管、木作、支架、拱盔、混凝土及钢筋混凝土	1.08
隧道、基坑、围堰、打桩、造孔、沉井、安装、预应力钢筋、钢桥	1.1

表 C.3　施工定额综合为预算定额机械幅度差系数

机 械 设 施	机械幅度差系数	机 械 设 施	机械幅度差系数	机 械 设 施	机械幅度差系数
推土机	1.19	水泥混凝土路缘石铺筑机	1.42	皮带运输机	1.27
铲运机	1.26	路面铣刨机	1.31	电动葫芦	1.23
挖掘机	1.22	混凝土搅拌机	1.33	柴油打桩机	1.24
装载机	1.20	灰浆搅拌机	1.46	振动打拔桩机	1.25
平地机	1.22	混凝土喷射机	1.48	振动打拔桩锤	1.28
拖拉机	1.19	灰浆输送泵	1.42	冲击钻机	1.30
拖式羊足碾	1.19	灰气联合泵	1.46	回旋钻机	1.26
静作用压路机	1.21	水泥喷枪	1.57	潜水钻机	1.21
振动压路机	1.20	灌浆机	1.50	汽车式钻机	1.25
轮胎式压路机	1.18	散装水泥运输车	1.18	泥浆搅拌机	1.50
拖式振动碾	1.18	混凝土搅拌运输车	1.21	袋装砂井机	1.33
蛙式、内燃夯土机	1.20	混凝土输送泵、输送泵车	1.19	振冲器	1.34

表 C.3(续)

机械设施	机械幅度差系数	机械设施	机械幅度差系数	机械设施	机械幅度差系数
强夯机械	1.30	混凝土搅拌站(楼)	1.22	螺旋钻机	1.30
凿岩机	1.33	混凝土振捣器	1.33	粉体搅拌机	1.30
凿岩台车	1.28	液压滑升设备	1.29	水泵	1.30
潜孔钻机	1.23	桥梁顶推设备	1.24	泥浆泵	1.31
装药台车	1.28	预应力拉伸设备	1.35	砂泵	1.27
升降平台车	1.28	钢绞线拉伸设备	1.37	钢筋加工机械	1.27
装岩机	1.35	钢绞线压花机	1.35	钢丝缠束机	1.26
锻钎机	1.38	钢绞线穿束机	1.26	钢缆缠丝机	1.43
钻头磨床	1.38	波纹管卷制机	1.39	钢缆压紧机	1.43
修钎机	1.38	压浆机	1.50	木料加工机械	1.19
稳定土拌和机	1.29	载货汽车	1.12	电焊机	1.23
稳定土厂拌设备	1.21	自卸汽车	1.15	点焊机	1.24
沥青乳化机	1.26	平板拖车组	1.23	自动埋弧焊机	1.25
沥青乳化设备	1.20	运油汽车	1.23	对焊机	1.24
石屑撒布车	1.28	加油汽车	1.23	气焊设备	1.50
液态沥青运输车	1.15	洒水汽车	1.18	碎石机	1.23
沥青撒布机	1.15	机动翻斗车	1.20	筛分机	1.25
沥青撒布车	1.17	轨道拖车头	1.18	型材切割机	1.34
黑色粒料拌和机	1.14	轨道铁斗车	1.18	空气压缩机	1.27
沥青混合料拌和设备	1.12	电瓶车	1.26	工业锅炉	1.12
沥青混合料摊铺机	1.23	履带式起重机	1.22	内燃拖轮	1.36
路面标线设备	1.25	轮胎式起重机	1.22	工程驳船	1.52
水泥混凝土摊铺机	1.22	汽车式起重机	1.22	通风机械	1.14
真空吸水机组	1.47	跨缆吊机	1.27	潜水设备	1.39
混凝土抹平机	1.61	少先吊	1.29	柴油发电机组	1.17
混凝土切缝机、刻纹机	1.41	卷扬机	1.23	工班配合机械	1.05

附 录 D
(规范性附录)
综合相似度模型

D.1 总体流程

采用模糊贴近度和灰色关联度计算各定额基础数据样本的综合相似度,根据综合相似度从大到小选择 3 个样本数据,在此基础上计算工、料、机消耗量初始代表值,再利用模糊关系系数进行修正后形成工、料、机消耗量代表值。

D.2 模糊贴近度和灰色关联度的综合分析

D.2.1 模糊贴近度

考虑 $F(U)$ 上的二元函数

$$\sigma: F(U) \times F(U) \rightarrow [0,1] \tag{D.1}$$

$$(A,B) \rightarrow \sigma(A,B) \tag{D.2}$$

若 σ 满足下列 3 个条件:

(1)$\sigma(A, A) = 1, \sigma(U, \varnothing) = 0$;

(2)$\sigma(A, B) = \sigma(B, A)$;

(3)$A \subseteq B \subseteq C \Rightarrow \sigma(A,C) \leqslant \sigma(A, B) \wedge \sigma(B,C)$;

则称 σ 为 $F(U)$ 上的贴近度函数,$\sigma(A,B)$ 为 A 与 B 的贴近度。贴近度是用于表征模糊集之间彼此接近的程度的。

1)海明(Hamming)贴近度

假设对于有限论域 $U=\{u_1, u_2, u_3, \cdots, u_n\}$,$A,B \in F(U)$,则称

$$\sigma(A,B) = 1 - \left(\frac{1}{n}\sum_{i=1}^{n} |A(u_i) - B(u_i)|^p\right)^{\frac{1}{p}} \quad (p \geqslant 1) \tag{D.3}$$

为 A 与 B 的闵可夫斯基(Minkowski)贴近度,其中

$$d(A,B) = \left(\frac{1}{n}\sum_{i=1}^{n} |A(u_i) - B(u_i)|^p\right)^{\frac{1}{p}} \quad (p \geqslant 1) \tag{D.4}$$

称为闵可夫斯基(Minkowski)距离;

当 $p=1$ 时,

$$\sigma_H(A,B) = 1 - d_H(A, B) = 1 - \frac{1}{n}\sum_{i=1}^{n} |A(u_i) - B(u_i)| \tag{D.5}$$

称为 A 与 B 的海明(Hamming)贴近度,其中

$$d_H(A,B) = \frac{1}{n}\sum_{i=1}^{n} |A(u_i) - B(u_i)| \tag{D.6}$$

称为海明(Hamming)距离。

2)最大最小贴近度

假设对于有限论域 $U=\{u_1, u_2, u_3, \cdots, u_n\}$,$A,B \in F(U)$,则称

$$\sigma_Z(A,B)=\frac{\sum_{i=1}^{n}(A(u_i)\wedge B(u_i))}{\sum_{i=1}^{n}(A(u_i)\vee B(u_i))} \tag{D.7}$$

为 A 与 B 的最大最小贴近度。

D.2.2 灰色关联度

在灰色系统理论中，灰色关联分析作为一种系统分析技术，它的基本思想是根据系统内部各因素之间发展态势的相似、相异程度来衡量因素之间关联程度的一种方法，即根据灰色序列曲线几何形状的相似程度来判断其联系是否紧密。曲线相似，相应灰色序列之间的关联度就越大，反之就越小。这种方法不同于其他系统因素分析法，其主要特点是：不需要像统计分析那样，要求大量数据，也不要求数据要求有典型分布规律；计算方法简便。即使是多因素比较分析，计算工作量也不像统计分析那样（比如回归分析）复杂。

D.2.3 灰色关联四公理

设系统特征序列为 $X_0=(x_0(1),x_0(2),x_0(3),\cdots,x_0(n))$，相关因素序列为 $X_i=(x_i(1),x_i(2),x_i(3),\cdots,x_i(n))$，$i=1,2,\cdots,m$ 且 $x_0(k)$，$x_i(k)$ 分别为 X_0 与 X_i 的第 k 点的数据，若 $\gamma(x_0(k),x_i(k))$ 为实数且

$$\gamma(X_0,X_i)=\frac{1}{n}\sum_{i=1}^{n}\gamma(x_0(k),x_i(k)) \tag{D.8}$$

满足：

(1)规范性　　$0<\gamma(X_0,X_i)\leqslant 1$

$\gamma(X_0,X_i)=1 \Leftrightarrow X_0=X_i$，或 X_0 与 X_i 同构

$\gamma(X_0,X_i)=0 \Leftrightarrow X_0,X_i\in\varnothing$（$\varnothing$ 为空集）

(2)整体性　　对于任意的 $X_i,X_j\in X=\{X_s/s=0,1,2,\cdots,m;m\geqslant 2\}$，有

$\gamma(X_i,X_j)\neq\gamma(X_j,X_i)$，$(i\neq j)$

(3)偶对对称性　　对于任意的 $X_i,X_j\in X$，有

$X=\{X_i,X_j\}\Leftrightarrow\gamma(X_i,X_j)=\gamma(X_j,X_i)$

(4)接近性　　$|x_0(k)-x_i(k)|$ 越小，$\gamma(x_0(k),x_i(k))$ 越大

则称 $\gamma(X_0,X_i)$ 为 X_i 对 X_0 的灰色关联度，通常简记为 γ_{0i}。

D.2.4 邓氏关联度

邓氏关联度是灰色关联理论中关联度的一种计算方法。

D.2.4.1 定义

设系统特征序为 $X_0=(x_0(1),x_0(2),x_0(3),\cdots,x_0(n))$，相关因素序列为

$X_i=(x_i(1),x_i(2),x_i(3),\cdots,x_i(n))$，给定关联系数 $\gamma(x_0(k),x_i(k))$：

$$\gamma(x_0(k),x_i(k))=\frac{\min_i\min_k|x_0(k)-x_i(k)|+\xi\max_i\max_k|x_0(k)-x_i(k)|}{|x_0(k)-x_i(k)|+\xi\max_i\max_k|x_0(k)-x_i(k)|} \tag{D.9}$$

其中：ξ 为分辨系数，则

$$\gamma(X_0,X_i)=\frac{1}{n}\sum_{k=1}^{n}\gamma(x_0(k),x_i(k)) \tag{D.10}$$

为 X_i 对 X_0 的邓氏关联度。

D.2.4.2 计算步骤

按照上述定义的算式可得邓氏关联度计算步骤如下：

1)将各序列无量纲化(如初值化)。令

$$X_i' = X_i/x_i(1) = (x_i'(1), x_i'(2), \cdots, x_i'(n)), i = 1,2,\cdots,m \tag{D.11}$$

2)求差序列。记

$$\Delta_i(k) = |x_0'(k) - x_i'(k)|, \Delta_i = (\Delta_i(1), \Delta_i(2), \cdots, \Delta_i(n)), i = 1,2,\cdots,m \tag{D.12}$$

3)求两极最大差与最小差。记

$$M = \max_i \max_k \Delta_i(k), m = \min_i \min_k \Delta_i(k) \tag{D.13}$$

4)求关联系数。

$$\gamma_{0i}(k) = \frac{m + \xi M}{\Delta_i(k) + \xi M} \tag{D.14}$$

一般 $\xi \in (0,1]$，通常取 0.5；$k=1,2,\cdots,n$；$i=1,2,\cdots,m$。

5)计算关联度。

$$\gamma_{0i} = \gamma(X_0, X_i) = \frac{1}{n}\sum_{i=1}^{n}\gamma(x_0(k), x_i(k)), i = 1,2,\cdots,m \tag{D.15}$$

D.2.5 综合相似度

上述两种贴近度可以在一定程度上反映两条曲线间的距离，即位置关系，但在确定曲线的相似度时存在缺陷；而灰色关联度恰恰能够反映两条曲线几何形状的相似度。

海明贴近度和最大最小贴近度共同决定曲线的位置接近程度，可以认为这两者同等重要，因此，可以将两者之和的一半作为曲线的模糊贴近度(M_{AB})：

$$M_{AB} = \frac{1}{2}(\sigma_H + \sigma_Z) = \frac{1}{2}[(1 - d_H) + \sigma_Z] \tag{D.16}$$

而灰色关联度决定曲线的几何形状相似程度，因此将模糊贴近度 M 和灰色关联度 γ_{0i} 综合考虑，建立一个新的评价指标——综合相似度(α)。依照经验，设定模糊贴近度和灰色关联度的重要度系数分别为 0.8 和 0.2，由此得出曲线的综合相似度：

$$\alpha_{AB} = 0.8M_{AB} + 0.2\gamma_{AB} = 0.8 \cdot \frac{1}{2}(\sigma_H + \sigma_Z) + 0.2\gamma_{AB} \tag{D.17}$$

式中：$d_H \in [0,1]$，$\sigma_Z \in [0,1]$，$\gamma_{AB} \in (0,1]$，因此，$\alpha_{AB} \in (0,1]$，即 α_{AB} 越大，则两曲线越接近相似。

D.3 基于灰色理论的定额值模糊计算模型的构建

D.3.1 评价指标建立

引起数据差异的原因有很多，可以归结为观测者因素、观察对象因素及现场环境条件等三个方面。

观测者因素带来的差异性可以通过对观测者的统一培训、制定统一的记录格式、记录标准等方法来缩小数据的差异，并且具有一定水平和经验的观测者主观原因带来的差异性往往很小，并且很容易发现和修正。

因此，一般从观察对象及现场环境条件这两个方面选择对定额测定值产生主要影响的因素作为评价指标。

D.3.2 隶属度的确定

隶属度是各主要影响因素中每个因素对其代表值的影响系数。如果把各个样本代表值和综合代表值看成是主要影响因素集上的模糊集合，隶属度则是相应的主要影响因素隶属于这个模糊集合的影响程度。

设综合代表值 B，则其在主要影响因素集上的隶属度：$B=(b_1,b_2,\cdots,b_n)$。假定有 m 个样本代表值，则 $A=(A_1,A_2,\cdots,A_m)$ 表示 m 个样本代表值的集合，而 $A_k=(x_{k1},x_{k2},\cdots,x_{kn})$，$k=1,2,\cdots,m$，为 A_k 在 U 上的模糊集，其中 x_{ki} 表示第 k 个样本代表值的第 i 个主要影响因素的隶属度。

隶属度的确定含有大量的主观因素，选取大量的资料，运用数理统计、概率论等方法进行分析、对比、测算，并请专家进行反复讨论最终确定，得出一个表示各样本代表值隶属度的数据矩阵：

$$X=\begin{bmatrix} x_{11} & x_{12} & \cdots & x_{1n} \\ x_{21} & x_{22} & \cdots & x_{2n} \\ \vdots & \vdots & & \vdots \\ x_{m1} & x_{m2} & \cdots & x_{mn} \end{bmatrix} \tag{D.18}$$

D.3.3 综合相似度的确定

a） 模糊贴近度的计算

1)海明贴近度的计算

海明距离：

$$d_H(B,A_k)=\frac{1}{n}\sum_{i=1}^{n}|b_i-x_{ki}|,k=1,2,\cdots,m \tag{D.19}$$

则海明贴近度：

$$\sigma_H=1-d_H \tag{D.20}$$

2)最大最小贴近度的计算

$$\sigma_Z(B,A_k)=\frac{\sum_{i=1}^{n}[B(u_i)\wedge A_k(u_i)]}{\sum_{i=1}^{n}[B(u_i)\vee A_k(u_i)]} \tag{D.21}$$

3)模糊贴近度的计算

模糊贴近度反映了曲线之间的位置接近程度，其计算公式：

$$\sigma_M=\frac{1}{2}(\sigma_H+\sigma_Z)=\frac{1}{2}[(1-d_H)+\sigma_Z] \tag{D.22}$$

b） 灰色关联度的计算

$$\gamma(B,A_k)=\frac{1}{n}\sum_{i=1}^{n}\gamma(b_i,x_{ki}),i=1,2,\cdots,n,\ k=1,2,\cdots,m。$$

$$\gamma(b_i,x_{ki})=\frac{\min_i\min_k|b_i-x_{ki}|+\xi\max_i\max_k|b_i-x_{ki}|}{|b_i-x_{ki}|+\xi\max_i\max_k|b_i-x_{ki}|} \tag{D.23}$$

令：

$$\Delta_k(i)=|b_i-x_{ki}|,\Delta_k=(\Delta_k(1),\Delta_k(2),\cdots,\Delta_k(n));$$

$$M=\max_i\max_k\Delta_k(i),m=\min_i\min_k\Delta_k(i);$$

则

$$\gamma(b_i,x_{ki})=\frac{m+\xi M}{\Delta_k(i)+\xi M} \tag{D.24}$$

式中：

$\xi\in(0,1]$，通常取 0.5；$i=1,2,\cdots,n,k=1,2,\cdots,m$。

c） 综合相似度的计算

根据前述内容，综合相似度综合考虑了曲线的位置贴近度和形状相似度，并依照经验认为模糊贴近度和灰色关联度的重要度系数分别为 0.8 和 0.2，由此得出曲线的综合相似度：

$$\alpha_k=0.8\cdot\frac{1}{2}(\sigma_H+\sigma_Z)+0.2\gamma_k \tag{D.25}$$

D.3.4 数据样本的选择

根据样本代表值与综合代表值的相似程度，选择几个典型样本代表值来确定其综合代表值。首先，分别计算出各个样本代表值与综合代表值的综合相似度，并按其大小进行排序：

$$\alpha_1 \geqslant \alpha_2 \geqslant \cdots \geqslant \alpha_k, k = 1,2,\cdots,m$$

由于综合相似度的值越大，表示该地区的样本代表值与整个地区的综合代表值特征的相似性越大，因此，选取相似度大的几个地区样本代表值的数据进行最后综合代表值的确定。

D.3.5 模糊关系系数的计算

综合代表值的模糊关系系数 β_B 可用下式计算：

$$\beta_B = \frac{\sum_{i=1}^{n} b_i}{\max_k\{\sum_{i=1}^{n} b_i, \sum_{i=1}^{n} x_{ki}\}} \tag{D.26}$$

第 k 个样本代表值的模糊关系系数 β_k 可用下式计算：

$$\beta_k = \frac{\sum_{i=1}^{n} x_{ki}}{\max_k\{\sum_{i=1}^{n} b_i, \sum_{i=1}^{n} x_{ki}\}} \tag{D.27}$$

式中：

$\sum_{i=1}^{n} b_i$——综合代表值在评价指标论域上的隶属度之和；

$\sum_{i=1}^{n} x_{ki}$——第 k 个样本代表值在评价指标论域上的隶属度之和。

D.3.6 综合代表值的确定

将各个样本代表值按其与综合代表值的综合相似度从大到小依次排序为 $\alpha_1, \alpha_2, \cdots, \alpha_m$，综合相似度 α 值越大，则该地区样本代表值与综合代表值特征的相似性越大，同时其值对确定综合代表值的影响也越大。

a) 一般地，设第 i 个代表值为 C_i'，则其误差为 $(C_i - C_i')$，于是第 $i-1$ 个代表值可用式(D.28)计算：

$$C_{i-1}' = C_i' + \alpha_i(C_i - C_i') = \alpha_i C_i + (1-\alpha_i)C_i' \tag{D.28}$$

即用第 i 个代表值的误差 $(C_i - C_i')$ 及其与第 $i-1$ 个代表值的综合相似度进行修正，修正后的值作为第 $i-1$ 个代表值的估算值。

b) 按照上面的公式继续推导，可得整个地区综合代表值为：

$$\begin{aligned} C_B &= \alpha_1 C_1 + (1-\alpha_1)C_1' \\ &= \alpha_1 C_1 + (1-\alpha_1)[\alpha_2 C_2 + (1-\alpha_2)C_2'] \\ &= \cdots\cdots \\ &= \alpha_1 C_1 + \alpha_2(1-\alpha_1)C_2 + \alpha_3(1-\alpha_1)(1-\alpha_2)C_3 + \\ &\quad \cdots\cdots + \alpha_m(1-\alpha_1)(1-\alpha_2)\cdots(1-\alpha_{m-1})C_m + \\ &\quad (1-\alpha_1)(1-\alpha_2)\cdots(1-\alpha_{m-1})(1-\alpha_m)C_m^* \end{aligned} \tag{D.29}$$

式中：

C_m^* 为初始预测值，为 m 个样本代表值的算术平均值：

$$C_m^* = \frac{1}{m}\sum_{k=1}^{m} C_k \tag{D.30}$$

式中：

C_k 表示第 k 个地区样本代表值。

若，$\alpha_1 = \alpha_1 = \cdots = \alpha_m$，则上述推导得出的综合代表值计算公式与指数平滑法完全相同，因此，此式具有指数平滑法的特性。

c） m 为选取的子地区样本代表值的个数，根据需要确定。由于上述公式的权值呈指数级数递减，因此一般取前 3～4 个子地区样本代表值就可以满足要求，此时公式变为：

$$C_B = \alpha_1 C_1 + \alpha_2(1-\alpha_1)C_2 + \alpha_3(1-\alpha_1)(1-\alpha_2)C_3 + \frac{1}{3}(1-\alpha_1)(1-\alpha_2)(1-\alpha_3)(C_1+C_2+C_3) \tag{D.31}$$

d） 为进一步提高精度，可根据公路工程施工定额的特点，引入一个精度调整系数 λ，考虑所选地区样本代表值对综合代表值的影响各不相同，其值可由综合代表值与所选地区样本代表值的模糊关系系数决定；同时考虑施工定额平均先进性原则等方面，λ 值一般小于 1。其经验公式为：

$$\lambda = 0.9 + \frac{1}{n}\left[1.8\left(\frac{\beta_B}{\beta_1}-1\right)+0.8\left(\frac{\beta_B}{\beta_2}-1\right)+0.4\left(\frac{\beta_B}{\beta_3}-1\right)\right] \tag{D.32}$$

式中：

β_B 为综合代表值的模糊关系系数；

β_1，β_2，β_3 分别为第 1、2、3 个所选地区样本代表值的模糊关系系数。

e） 求解整个地区综合代表值。

综合代表值：

$$C_B' = \lambda C_B \tag{D.33}$$

附 录 E
(规范性附录)
示 例

E.1 数据识别处理示例

测定人员在A、B两个施工项目上测得某工作定额原始数据如表E.1所示：

表E.1 工 作 时 间

项目	观测次数							
	1	2	3	4	5	6	7	8
A(h)	2.10	2.50	2.13	2.15	2.15	2.12	2.14	2.10
B(h)	2.13	2.12	2.13	2.10	2.13	2.11	2.14	2.11

a) 项目A观测数据的第一类误差识别与处理

1)误差极限值法识别

$$\begin{aligned}\mathrm{Lim}_{max} &= \bar{x}+K(x_{max}-x_{min})\\ &=2.17+0.8\times(2.5-2.1)\\ &=2.49\\ \mathrm{Lim}_{min} &= \bar{x}-K(x_{max}-x_{min})\\ &=2.17-0.8\times(2.5-2.1)\\ &=1.85\end{aligned}$$

可知样本数据2.5在[1.85,2.49]之外，故剔除。

2)狄克逊准则判别法识别

A组数据从小到大排列，$n=8$，则：

$$r_1=\frac{2.5-2.15}{2.5-2.11}=0.897$$

$$r_2=\frac{2.11-2.1}{2.15-2.1}=0.2$$

α取为0.05，查表得判别标准$D(0.05,8)=0.608$，

可知，$r_1>D(0.05,8)$，故样本数据2.5包含粗大误差，应剔除。

采用上述识别方法判断项目B的样本数据不存在粗大误差。

b) 项目A和B的样本数据第二类系统误差的识别

1)计算平均值

项目A样本数据的平均值$\overline{x_1}=2.127$，项目B样本数据的平均值$\overline{x_2}=2.121$。

2)计算标准差

项目A样本数据的标准差$\delta_1=0.021$，项目B样本数据的标准差$\delta_2=0.014$。

3)识别系统误差

$$|\overline{x_1}-\overline{x_2}|=0.006$$

$$\sqrt{\delta_1^2+\delta_2^2}=0.025$$

因为，$|\overline{x_1}-\overline{x_2}|<3\sqrt{\delta_1^2+\delta_2^2}$，所以，项目 A 和 B 的样本数据之间不存在第二类系统误差。

E.2 施工定额编制示例

已知条件：

1)现场仅观测挖土、运土、清理坑底三个工序的基本工作时间，每道工序的具体测定数据分别见表 E.2、表 E.3 和表 E.4。

2)各工序的工程量：基坑体积为 $75m^3$，清理整修坑底、坑壁面积为 $36m^2$，回填后多土 $32m^3$。

3)根据经验，估计其他定额时间(辅助工作时间、准备与结束工作时间、休息时间和不可避免中断时间)占基本工作时间 15%。

表 E.2 人工挖基坑土的观测值

观测项目	基本情况	观测值				备注
		第一次	第二次	第三次	第四次	
挖土出坑	工人数量	7	11	6	8	
	耗时(min)	446	258	262	368	
	产量(m^3)	27	24.1	13.5	25.2	

表 E.3 运土的观测值

观测项目	基本情况	观测值				备注
		第一次	第二次	第三次	第四次	
手推车运 20m	工人数量	7	8	6	4	
	耗时(min)	110	120	121	128	
	产量(m^3)	19.8	25.9	18.7	13.4	

表 E.4 清理坑底的观测值

观测项目	基本情况	观测值				备注
		第一次	第二次	第三次	第四次	
清理整修	工人数量	7	5	6	4	
	耗时(min)	25	26	28	20	
	产量(m^3)	35	25	30	15	

编制步骤：

1)计算挖土出坑的施工定额时间

基本工作时间：

$$(7\times446+11\times258+6\times262+8\times368)\div(27+24.1+13.5+25.5)=116.659(min/m^3)$$

定额时间：

$$116.659\div(1-15\%)=137.246(min/m^3)$$

2)计算清理整修的施工定额时间

基本工作时间：

$$(7\times25+5\times26+6\times28+4\times20)\div(35+25+30+15)=5.266(\mathrm{min/m^2})$$

定额时间：

$$5.266\div(1-15\%)=6.196(\mathrm{min/m^2})$$

3)计算手推车运土的施工定额时间

基本工作时间：

$$(7\times110+8\times120+6\times121+4\times128)\div(19.8+25.9+18.7+13.4)=38.148(\mathrm{min/m^3})$$

定额时间：

$$38.148\div(1-15\%)=44.881(\mathrm{min/m^3})$$

4)计算挖基坑土方的施工定额

挖基坑土方施工定额(10m³)的工作内容：挖土，清理整修坑底、坑壁，手推车运土 20m。

$$(137.246\times75+6.196\times36+44.881\times32)\div(60\times8\times75)\times10=3.320(\text{工日}/10\mathrm{m^3})$$

E.3 预算定额编制示例

编制水泥稳定碎石基层预算定额的机械台班消耗量。

1)准备阶段

确定水泥稳定碎石基层的工作内容：整理路基，铺料，撒灰，拌和，洒水，碾压，整型，初期养护。定额单位取为 1 000m²。

2)收集资料阶段

确定施工方法：拖拉机带犁路拌。对应的施工过程划分为：平地机铺料、8t 压路机轻碾、人工铺水泥、拖拉机带犁沿路拌和、6 000L 洒水车洒水、15t 压路机碾压、平地机整型、初期养护。

3)编制定额阶段

根据划分的施工工序(表 E.5)，查找对应的施工定额，填表 E.6 的第(1)～(6)栏。

根据施工工艺(表 E.5)和标准图纸计算各工序的工程量(表 E.5)，填表 E.6 的第(7)栏。

确定各机械的幅度差系数，填表 E.6 的第(8)栏。

计算预算定额的机械台班消耗量，填表 E.6 的第(9)栏：

第(9)栏＝第(6)栏×第(7)栏/第(4)栏

4)整理

将计算结果整理为定额成果表，见表 E.7。

表 E.5 定额编制说明表

<table>
<tr><td>定额名称</td><td>水泥稳定碎石基层</td><td>定额单位</td><td>1 000m²</td><td rowspan="3">施工方法：拖拉机带犁路拌。
施工工艺及工程量：平地机铺料 1 次工程量为1 000m²，8t 压路机轻碾 2 次工程量为 2 000m²，人工铺水泥无需机械，拖拉机带犁沿路拌和 1 次工程量为 1 000m²，采用 6 000L 洒水车洒水 42m³，15t 压路机碾压 7 次工程量为 7 000m²，平地机整型 1 次工程量为 1 000m²，初期养护无需机械</td></tr>
<tr><td colspan="4">工作内容：整理路基，铺料，撒灰，拌和，洒水，碾压，整型，初期养护。</td></tr>
<tr><td colspan="4">子目划分：平地机铺料、8t 压路机轻碾、人工铺水泥、拖拉机带犁沿路拌和、6000L 洒水车洒水、15t 压路机碾压、平地机整型、初期养护。</td></tr>
</table>

表 E.6　预算定额机械台班消耗量计算表

工序	项目		施工定额			工程量	幅度差	预算定额值
	名称	单位	单位	代号	定额			
(1)	(2)	(3)	(4)	(5)	(6)	(7)	(8)	(9)
平地机铺料	120kW 平地机	台班	1 000m^2	30 502	0.232	1 000m^2	1.22	0.28
压路机轻碾	8t 压路机	台班	1 000m^2	32 003	0.112	2 000m^2	1.21	0.27
拖拉机带犁沿路拌和	75kW 拖拉机	台班	1 000m^2	30 901	0.23	1 000m^2	1.19	0.27
洒水车洒水	6 000L 洒水车	台班	100m^3	23 305	1.53	42m^3	1.18	0.76
压路机碾压	15t 压路机	台班	1 000m^2	32 003	0.15	7 000m^2	1.21	1.27
平地机整型	120kW 平地机	台班	100m^2	31 903	0.007 21	1 000m^2	1.22	0.09

表 E.7　成果表:水泥稳定碎石基层(机械)　　单位:1 000m^2

项　目	单　位	代　号	拖拉机带犁路拌(水泥 5%,厚度 15cm)
120kW 平地机	台班	1 057	0.37
75kW 拖拉机	台班	1 063	0.27
8t 压路机	台班	1 075	0.27
15t 压路机	台班	1 078	1.27
6 000L 洒水车	台班	1 405	0.76

E.4　基于综合相似度编制预算定额示例

已知条件:

测定人工整修边坡定额子目:

1)类型:路基高 2m 以内,坡面为砂石土质,杂草较少,冲沟较小(深约 10cm 以内)。

2)工作内容:挂线,整修,处理冲沟,填塞裂缝,拍实,铺平,20m 内取土。

3)质量要求:坡面平顺,坚实无冲沟、裂缝,坡度符合设计要求。

E.4.1　确定主要影响因素

选择如下 4 个因素作为影响测定定额值的主要因素:(1)自然条件;(2)工作对象;(3)交通组织状况;(4)工人技能掌握状况。

E.4.2 确定相应隶属度

采用专家调查法确定隶属度，得出一个表示各样本代表值隶属度的数据矩阵，见表 E.8。

表 E.8 样本代表值与综合代表值隶属度关系表

	样本号	自然条件(u_1)	工作对象(u_2)	交通组织状况(u_3)	工人技能掌握状况(u_4)
样本代表值	*A*	0.55	0.55	0.40	0.60
	B	0.45	0.55	0.45	0.55
	C	0.50	0.40	0.50	0.50
	D	0.55	0.50	0.45	0.55
	E	0.50	0.55	0.45	0.60
综合代表值	*Z*	0.50	0.50	0.45	0.60

由此，得出样本代表值和综合代表值的主要影响因素模糊集：

$$U=\begin{bmatrix}0.55 & 0.55 & 0.40 & 0.60\\ 0.45 & 0.55 & 0.45 & 0.55\\ 0.50 & 0.40 & 0.50 & 0.50\\ 0.55 & 0.50 & 0.45 & 0.55\\ 0.50 & 0.55 & 0.45 & 0.60\\ 0.50 & 0.50 & 0.45 & 0.60\end{bmatrix}$$

即： $U_A=(0.55,0.55,0.40,0.60)$， $U_B=(0.45,0.55,0.45,0.55)$

$U_C=(0.50,0.40,0.50,0.50)$， $U_D=(0.55,0.50,0.45,0.55)$

$U_E=(0.50,0.55,0.45,0.60)$， $U_Z=(0.50,0.50,0.45,0.60)$

E.4.3 确定综合相似度

a) 计算模糊贴近度

1)综合代表值 Z 与样本代表值 A,B 的海明距离：

$$d_H(Z,A)=\frac{1}{n}\sum_{i=1}^{n}|U_Z(i)-U_A(i)|=\frac{1}{4}(0.05+0.05+0.05+0)=0.0375$$

$$d_H(Z,B)=\frac{1}{n}\sum_{i=1}^{n}|U_Z(i)-U_B(i)|=\frac{1}{4}(0.05+0.05+0+0.05)=0.0375$$

则其海明贴近度分别为：

$$\sigma_H(Z,A)=1-d_H(Z,A)=0.9625$$

$$\sigma_H(Z,B)=1-d_H(Z,B)=0.9625$$

同理，计算出综合代表值 Z 与样本代表值 C,D,E 的海明贴近度分别为：

$\sigma_H(Z,C)=0.9375$， $\sigma_H(Z,D)=0.9750$， $\sigma_H(Z,E)=0.9875$

2)综合代表值 Z 与样本代表值 A,B 的最大最小贴近度：

$$\sigma_Z(Z,A)=\frac{\sum_{i=1}^{n}[Z(u_i)\wedge A(u_i)]}{\sum_{i=1}^{n}[Z(u_i)\vee A(u_i)]}=\frac{0.50+0.50+0.40+0.60}{0.55+0.55+0.45+0.60}=\frac{2}{2.15}=0.9302$$

$$\sigma_Z(Z,B)=\frac{\sum_{i=1}^{n}[Z(u_i)\wedge B(u_i)]}{\sum_{i=1}^{n}[Z(u_i)\vee B(u_i)]}=\frac{0.45+0.50+0.45+0.55}{0.50+0.55+0.45+0.60}=\frac{1.95}{2.10}=0.9286$$

同理,计算出综合代表值 Z 与样本代表值 C,D,E 的最大最小贴近度分别为:

$$\sigma_Z(Z,\ C)=0.8810,\quad \sigma_Z(Z,\ D)=0.9524,\quad \sigma_Z(Z,\ E)=0.9762$$

3)综合代表值 Z 与样本代表值 A,B 的模糊贴近度:

$$\sigma_M(Z,A)=\frac{1}{2}(\sigma_H+\sigma_Z)=\frac{1}{2}(0.9625+0.9302)=0.9464$$

$$\sigma_M(Z,B)=\frac{1}{2}(\sigma_H+\sigma_Z)=\frac{1}{2}(0.9625+0.9286)=0.9456$$

同理,计算出综合代表值 Z 与样本代表值 C,D,E 的模糊贴近度分别为:

$$\sigma_M(Z,\ C)=0.9093,\quad \sigma_M(Z,\ D)=0.9637,\quad \sigma_M(Z,\ E)=0.9819$$

b) 计算灰色关联度

1)将序列无量纲化

$$Z'=\frac{U_Z(i)}{U_Z(1)}=\left(\frac{0.50}{0.50},\frac{0.50}{0.50},\frac{0.45}{0.50},\frac{0.60}{0.50}\right)=(1,1,0.9,1.2)$$

$$A'=\frac{U_A(i)}{U_A(1)}=\left(\frac{0.55}{0.55},\frac{0.55}{0.55},\frac{0.40}{0.55},\frac{0.60}{0.55}\right)=(1,1,0.727,1.091)$$

同理,有:

$B'=(1,1.222,1,1.222)$, $C'=(1,0.8,1,1)$

$D'=(1,0.909,0.818,1)$, $E'=(1,1.1,0.9,1.2)$

2)求差序列

由公式 $\Delta_{ZA}(i)=|U'_Z(i)-U'_A(i)|$,则得 $\Delta_{ZA}=(0,0,0.173,0.109)$,

同理,有:

$\Delta_{ZB}=(0,0.222,0.1,0.022)$, $\Delta_{ZC}=(0,0.2,0.1,0.2)$

$\Delta_{ZD}=(0,0.091,0.082,0.2)$, $\Delta_{ZE}=(0,0.1,0,0)$

3)求两级差

由 $M=\max\limits_{i}\max\limits_{k}\Delta_k(i)$,$m=\min\limits_{i}\min\limits_{k}\Delta_k(i)$,可得:$M=0.222$,$m=0$

4)计算关联系数

取分辨系数 $\zeta=0.5$,由 $\gamma_{ZA}(i)=\dfrac{m+\zeta M}{\Delta_{ZA}(i)+\zeta M}$,可得:

$$\gamma_{ZA}(1)=\frac{0+0.5\times0.222}{0+0.5\times0.222}=\frac{0.111}{0.111}=1,\quad \gamma_{ZA}(2)=\frac{0.111}{0.111}=1,$$

$$\gamma_{ZA}(3)=\frac{0.111}{0.284}=0.391,\quad \gamma_{ZA}(4)=\frac{0.111}{0.220}=0.505。$$

同理,有:

$\gamma_{ZB}=0.674$, $\gamma_{ZC}=0.560$,$\gamma_{ZD}=0.621$, $\gamma_{ZE}=0.882$

c) 计算综合相似度

根据前述内容,由综合相似度公式:$\alpha_k=0.8\cdot\dfrac{1}{2}(\sigma_H+\sigma_Z)+0.2\gamma_k$,可得:

$\sigma_{ZA}=0.8\sigma_M(Z,A)+0.2\gamma_{ZA}=0.902$,$\sigma_{ZB}=0.8\sigma_M(Z,B)+0.2\gamma_{ZB}=0.891$

同理,有:

$\sigma_{ZC}=0.839$,$\sigma_{ZD}=0.895$,$\sigma_{ZE}=0.962$

E.4.4 数据样本的选择

按照各样本代表值和综合代表值的综合相似度进行排序,见表 E.9 所示。

表 E.9 样本代表值按综合相似度排序表

样本代表值排序	E	A	D	B	C
综合相似度	0.962	0.902	0.895	0.891	0.839

由于综合相似度的值越大，表示该样本代表值与综合代表值特征的相似性越大。选取相似度大的前三个样本代表值的数据进行综合代表值的最后确定。

E.4.5 计算模糊关系系数

a) 样本代表值：

$$E:\sum_{i=1}^{4}u_i=0.50+0.55+0.45+0.60=2.10$$

$$A:\sum_{i=1}^{4}u_i=0.55+0.55+0.40+0.60=2.10$$

$$D:\sum_{i=1}^{4}u_i=0.55+0.50+0.45+0.55=2.05$$

$$B:\sum_{i=1}^{4}u_i=0.45+0.55+0.45+0.55=2.00$$

$$C:\sum_{i=1}^{4}u_i=0.50+0.40+0.50+0.50=1.90$$

b) 综合代表值：

$$Z:\sum_{i=1}^{4}u_i=0.50+0.50+0.45+0.60=2.05$$

经比较，E 与 A：$\sum_{i=1}^{4}u_i=2.1$ 为最大，所以：

1)综合代表值的模糊关系系数为：

$$\beta_Z=\frac{\sum_{i=1}^{4}u_{zi}}{\max\{\sum_{i=1}^{4}u_{zi},\sum_{i=1}^{4}u_{xi}\}}=\frac{2.05}{2.1}=0.976$$

2)样本代表值 E，A，D，B，C 的模糊关系系数分别为：

$$\beta_E=\frac{2.1}{2.1}=1,\qquad \beta_A=\frac{2.1}{2.1}=1,\qquad \beta_D=\frac{2.05}{2.1}=0.976,$$

$$\beta_B=\frac{2.0}{2.1}=0.952,\qquad \beta_C=\frac{1.9}{2.1}=0.905$$

E.4.6 计算综合代表值

a) 计算精度调整系数 λ：

$$\begin{aligned}\lambda&=0.9+\frac{1}{4}\left[1.8\left(\frac{\beta_Z}{\beta_E}-1\right)+0.8\left(\frac{\beta_Z}{\beta_A}-1\right)+0.4\left(\frac{\beta_Z}{\beta_D}-1\right)\right]\\&=0.9+\frac{1}{4}\left[1.8\left(\frac{0.976}{1}-1\right)+0.8\left(\frac{0.976}{1}-1\right)+0.4\left(\frac{0.976}{0.976}-1\right)\right]\\&=0.9-0.0156\\&=0.8844\end{aligned}$$

b) 综合代表值 C'_Z：

$$C_Z=\alpha_1C_E+\alpha_2(1-\alpha_1)C_A+\alpha_3(1-\alpha_1)(1-\alpha_2)C_D+\frac{1}{3}(1-\alpha_1)(1-\alpha_2)(1-\alpha_3)(C_E+C_A+C_D)$$

$$= 0.962 \times 1.103 + 0.902 \times 0.038 \times 1.134 + 0.895 \times 0.038 \times 0.098 \times 0.993 + \frac{1}{3} \times 0.038 \times 0.098 \times 0.105 \times (1.103 + 1.134 + 0.993)$$

$$= 1.104$$

$$C'_Z = \lambda C_Z = 0.8844 \times 1.104 = 0.976$$

E.5 概算定额编制示例

编制隧道洞门墙砌筑的概算定额

1)准备工作阶段

确定洞门墙砌筑的工作内容:搭拆脚手架,砂浆制作,选料,砌筑,勾缝,养生。定额单位取为10m³。填表E.10。

2)收集资料阶段

确定施工方法:混凝土块预制安装。对应的施工过程划分为:混凝土块预制、混凝土块安装。

3)编制定额阶段

查找"混凝土块预制"、"混凝土块安装",对应的预算定额,填表E.11的第(1)~(6)栏。

根据施工工艺和标准图纸计算各工序的工程量(表E.10),填表E.11的第(7)栏。

确定人工和机械的幅度差系数,填表E.11的第(8)栏。

计算概算定额的工料机消耗量,填表E.11的第(9)栏:

第(9)栏=第(6)栏×第(7)栏/第(4)栏

4)整理

将计算结果整理为定额成果表,见表E.12。

表E.10 概算定额编制说明表

定额名称	洞门墙砌筑	定额单位	10m³	施工方法:混凝土块预制安装。 施工工艺及工程量:预制混凝土块,查预算定额30 200 101 安装10m³ 需要预制混凝土块9.2m³;安装混凝土块10m³
工作内容:搭拆脚手架,砂浆制作,选料,砌筑,勾缝,养生。				
子目划分:混凝土块预制、混凝土块安装。				

表E.11 概算定额工料机消耗量计算表

工作	项目		预算定额			工程量	幅度差	概算定额值
	名称	单位	单位	代号	定额			
(1)	(2)	(3)	(4)	(5)	(6)	(7)	(8)	(9)
混凝土块安装	人工	工日	10m³	30 200 101	19.6	10m³	1.02	20
混凝土块安装	原木	m³	10m³	30 200 101	0.072	10m³	1	0.072
混凝土块安装	锯材	m³	10m³	30 200 101	0.051	10m³	1	0.051
混凝土块安装	铁件	kg	10m³	30 200 101	0.4	10m³	1	0.4
混凝土块安装	8~12号铁丝	kg	10m³	30 200 101	5.9	10m³	1	5.9
混凝土块安装	32.5级水泥	t	10m³	30 200 101	0.374	10m³	1	0.374
混凝土块安装	水	m³	10m³	30 200 101	7	10m³	1	7

表 E.11(续)

工作	项目		预算定额			工程量	幅度差	概算定额值
	名称	单位	单位	代号	定额			
(1)	(2)	(3)	(4)	(5)	(6)	(7)	(8)	(9)
混凝土块安装	中(粗)砂	m^3	$10m^3$	30 200 101	1.51	$10m^3$	1	1.51
混凝土块安装	8-12 号铁丝	kg	$10m^3$	30200101	5.9	$10m^3$	1	5.9
混凝土块安装	32.5 级水泥	t	$10m^3$	30200101	0.374	$10m^3$	1	0.374
混凝土块安装	水	m^3	$10m^3$	30200101	7	$10m^3$	1	7
混凝土块安装	其他材料费	元	$10m^3$	30 200 101	6.3	$10m^3$	1	6.3
混凝土块安装	小型机具使用费	元	$10m^3$	30 200 101	2.8	$10m^3$	1.02	2.9
混凝土块预制	人工	工日	$10m^3$	30 200 105	37.2	$9.2m^3$	1.02	34.9
混凝土块预制	型钢	t	$10m^3$	30 200 105	0.012	$9.2m^3$	1	0.011
混凝土块预制	电焊条	kg	$10m^3$	30 200 105	0.2	$9.2m^3$	1	0.2
混凝土块预制	铁件	kg	$10m^3$	30 200 105	1.1	$9.2m^3$	1	1.0
混凝土块预制	32.5 级水泥	t	$10m^3$	30 200 105	3.01	$9.2m^3$	1	2.77
混凝土块预制	水	m^3	$10m^3$	30 200 105	16	$9.2m^3$	1	15
混凝土块预制	中(粗)砂	m^3	$10m^3$	30 200 105	4.95	$9.2m^3$	1	4.55
混凝土块预制	碎石(4cm)	m^3	$10m^3$	30 200 105	8.48	$9.2m^3$	1	7.80
混凝土块预制	其他材料费	元	$10m^3$	30 200 105	67.8	$9.2m^3$	1	62.4
混凝土块预制	小型机具使用费	元	$10m^3$	30 200 105	1.1	$9.2m^3$	1.02	1.0

表 E.12　成果表:洞门墙砌筑　　(单位:$10m^3$)

项目	单位	代号	混凝土预制块
人工	工日	1	54.9
原木	m^3	101	0.072
锯材	m^3	102	0.051
型钢	t	182	0.011
电焊条	kg	231	0.2
铁件	kg	651	1.4
8~12 号铁丝	kg	655	5.9
32.5 级水泥	t	832	3.143
水	m^3	866	22
中(粗)砂	m^3	899	6.06
碎石(4cm)	m^3	952	7.80
其他材料费	元	996	68.7
小型机具使用费	元	1998	3.9

DB53/T 445—2012